AF245744

Dr X. DELORE

NOTRE ANCÊTRE

DE L'AGE DE LA PIERRE

VANNES

IMPRIMERIE LAFOLYE FRÈRES

1902

Dr X. DELORE

NOTRE ANCÊTRE

DE L'AGE DE LA PIERRE

VANNES

IMPRIMERIE LAFOLYE FRÈRES

1901

NOTRE ANCÊTRE DE L'AGE DE LA PIERRE

Il est tout naturel a l'homme de vouloir connaître ses premiers parents. La science nous apprend qu'à une époque *préhistorique*, c'est-à-dire dans la nuit des temps, il y a eu dans toutes les contrées de la terre des habitants, qui nous ont laissé leurs ossements, leurs armes et leurs outils de travail, comme trace de leur existence. Rechercher à quelle époque vivaient ces premiers ancêtres et quelles étaient leurs mœurs est pour nous d'un grand intérêt.

Boucher de Perthes, vers le milieu du siècle dernier, eut l'honneur de découvrir, le premier, près d'Abbeville, dans les graviers d'alluvion de la Somme des *silex*, qui portaient incontestablement la marque d'une taille intentionnelle.

Ce fait produisit dans le monde scientifique une émotion véritable ; il démontrait, en effet, que l'homme avait habité cette région à une date très reculée et antérieure à l'usage des métaux. Aussi les chercheurs se mirent immédiatement à l'œuvre et *aujourd'hui* il est parfaitement démontré qu'en France, en Europe et dans toutes les parties du monde, de nombreuses stations de silex ouvrés attestent la haute antiquité du passage de l'homme.

Sur ces entrefaites, une nouvelle science, *l'anthropologie* venait de se constituer et les plus fervents de ses adeptes se hâtèrent de conclure qu'on avait enfin soulevé le voile qui couvrait la période primitive de l'humanité, *l'âge de la pierre*, qui avait régné exclusivement, sur toute la surface de la terre, pendant un nombre formidable de siècles ! Peu à peu l'imagination aidant, voici comment ils décrivirent l'histoire de nos origines :

L'homme eut un *précurseur*. Il vivait à Thenay, en compagnie du *mastodonte* et de l'*elephas meridionalis*. L'abbé Bourgeois découvrit son berceau dans le terrain miocène de l'âge *tertiaire*. Suivant les probabilités il était petit, marchait debout, mais les genoux fléchis ; de ses longs bras, il brandissait un bâton, qu'il avait armé d'un silex *étonné* par le feu ; il ignorait la parole. C'est au congrès de Lyon en 1873 qu'il reçut le nom d'*anthropopithèque* ; il eut pour parrain M. de Mortillet. Perdu dans la foule, je fus un des témoins de cet événement sensationnel.

Vers l'âge *quaternaire*, c'est-à-dire au bout de 100.000 ans, cet ancêtre *primitif*, en vertu de la loi évolutive, avait fait quelques progrès et réalisait assez convenablement le type humain. Sa démarche était orthostatique et son intelligence tellement développée qu'il taillait le silex en coup de poing, à la façon de *chelles*, c'est-à-dire sur deux faces, en forme d'amande. Les ossements du *chelléen* nous apprennent qu'il était d'une *dolichocéphalie* exagérée et que son maxillaire inférieur était dépourvu d'apophyses *geni*, preuve qu'il ne savait pas parler. Il vécut de la sorte pendant de longs siècles, traversant les diverses périodes glaciaires, en compagnie de l'*elephas antiquus*, du *rhinoceros merkii* et *leptorhinus*, de l'*hippopotamus major* et du *machairodus*. A la période post-glaciaire, il adopta la taille du *silex* sur une seule face, en feuille de *saule*, d'après le type du *moustier*.

Cette époque du *silex moustérien* fut mémorable par une civilisation avancée : l'harmonie et la paix régnaient entre les hommes, qui n'avaient pour guides que les lois naturelles et qui ne s'inquiétaient nullement de donner la sépulture à leurs morts ; l'homme marchait sous la voûte d'un ciel clément ; il est vrai qu'il était couvert de poils comme les singes ses grands parents ; les arts florissaient, ainsi qu'en témoignent des dessins où le sentiment artistique égale la naïveté. La faune était alors représentée par le mammouth, le *rhinoceros tichorhinus*, le *cervus megaceros*, l'aurochs et l'ours des cavernes.

Le *silex solutréen* marque une autre étape du progrès. Il était taillé sur les deux faces en feuille de *laurier*, l'homme avait déjà une tendance à vivre en sociétés nombreuses. Il polissait les os des animaux et cultivait également les arts ; mais déjà le type dolichocéphale était fortement altéré par un mélange de brachycéphales ; aussi faut-il peu s'étonner qu'il donnât la sépulture aux morts. La faune contemporaine était le *mammouth* et le *megaceros* qui se faisaient rares ; le renne qui commençait à paraître et surtout le cheval en grande quantité.

Le *silex magdalénien* est le quatrième type de la pierre taillée. Il est caractérisé par des pointes de flèches à crans, des scies, des aiguilles, des os d'animaux et des bois de renne bien travaillés. Les arts avaient acquis un haut degré de développement ; la poterie fait son apparition. La faune de cette période est le renne en abondance.

Les quatre formes de silex taillés se sont succédé pendant l'époque *paléolithique* ; entre chacune d'elles, il y eut un intervalle, mais après le *magdalénien*, il survint un *hiatus* fort long.

La population paisible de l'Europe et des contrées voisines était à la veille d'une catastrophe ; *l'autochtone* (1) était sur le point de disparaître. Sorti des profondeurs de l'Orient un affreux *brachycéphale* vint envahir le domaine de l'homme qui taillait la pierre et lui apprit à la *polir*. Il lui apportait les céréales, la domestication des animaux, mais en même temps il lui inculquait ses vices, ses habitudes criminelles comme le meurtre, l'anthropophagie ; c'est lui surtout qui lui enseigna la sépulture qui dénote des conceptions religieuses. Ce fut la période *Robenhausienne*. A partir de ce moment des instincts violents s'emparèrent des peuples ; les arts furent délaissés ; la guerre devint permanente et l'anthropophagie commune.

Outre les animaux actuels on avait encore, au début de

(1) Αυτος, même χτων, terre ; aborigène, indigène, homme qui habite la terre.

cette période appelée *néolithique*, quelques aurochs et rennes en voie prochaine d'émigration.

En même temps qu'apparut ce dernier stade de l'âge de la pierre, l'usage des métaux se propagea rapidement ; ce fut d'abord le *bronze* dont le long règne fut suivi par celui du fer d'abord, ensuite par les instruments de cuivre et les ornements d'or. A ce moment nous quittons la *préhistoire* et nous entrons dans les temps modernes.

Ainsi parti d'un échelon peu élevé de la série zoologique, l'homme, par son génie et la puissance évolutive de son organisme s'était élancé graduellement aux sommets de notre civilisation moderne doué d'une perfectibilité sans limites.

Cette doctrine comme on le voit, s'allie merveilleusement au transformisme d'Hœckel : elle eut un grand retentissement dans le monde scientifique. L'antiquité considérable, qu'elle attribuait à l'espèce humaine, contredisait la *Genèse*, ce qui n'était point pour déplaire aux savants. Aussi l'édifice, un peu hâtivement construit, prit-il rapidement un essor superbe. Il faut avouer que son architecte était un artiste de première valeur ; l'œuvre fut construite avec méthode et exposée avec cette lucidité française qui en double le mérite et en assure la diffusion.

Malgré son grand succès et ses qualités remarquables, cette doctrine commence à éprouver quelques symptômes de désagrégation. Nous allons esquisser quelques-unes des objections qui lui ont été faites.

Et d'abord l'*anthropopithèque* mourut ! Ses obsèques eurent lieu en 1884, au congrès de Blois. J'eus l'honneur d'assister à la cérémonie. A défaut de l'abbé Bourgeois, absent pour cause de décès récent, le deuil fut conduit par tout ce que la science anthropologique comptait de savants en France et dans les pays voisins. Depuis cette séance mémorable, le silence le plus complet pesa sur la mémoire de l'anthropopithèque ; toutefois la presse nous apprend que Vanderbilt, désireux d'établir sa généalogie, vient de subventionner des savants, pour rechercher à Ceylan les reliques de cet ancêtre. Mais ce n'est pas tout : des doutes sérieux se sont élevés sur la solidité de certaines propositions placées comme axiomes à la base de la doctrine et nous allons tâcher de les résumer au cours de cette étude.

SILEX.

Ce caillou vulgaire a joué un si grand rôle, qu'il mérite d'attirer un instant notre attention d'autant plus qu'il décèle la présence de l'homme, s'il porte la marque d'une taille intentionnelle. Il est composé d'oxygène et de silicium, qui constituent l'acide silicique.

A cet état c'est une pierre très dure, affectant des colorations diverses, mais habituellement d'un jaune brunâtre et légèrement translucide. Tous les silex ne se ressemblent pas ; il y en a qui n'ont pas la couleur feuille morte ; quelques-uns ont une teinte rougeâtre due au peroxyde de fer ; d'autres une teinte verdâtre due au silicate de fer ; en Égypte on en trouve de jaune chamois, marrons et même bruns violacés, et enfin de noirs. Cette dernière teinte est attribuée à la présence du bitume.

Quand le silex faisait défaut, on le remplaçait par le *quartz*, l'*agate*, le *jade*, le *porphyre*, l'*obsidienne*, la *diorite* qui se rapprochent beaucoup de lui par leur composition chimique. A Vignetta, Collin n'a trouvé que du *grès* taillé. On a utilisé aussi l'*ardoise* et même certains *calcaires* fort durs.

Sous l'influence d'un choc, le silex est susceptible de se casser ; la cassure affecte de préférence la forme de lamelles coupantes et souvent conchoïdales. Récente, elle garde son brillant naturel, il en est de même s'il a été enfoui pendant un grand nombre de siècle dans certaines argiles conservatrices. Mais lorsqu'il est soumis aux injures atmosphériques, il prend une *patine* blanche laiteuse, analogue à la porcelaine, ou même il subit une altération sensible appelée *cacholong* ; il peut aussi éprouver le *craquelage* qu'on attri-

bue à des alternatives rapides de chaleur et de froid intenses ; on suppose des immersions geysériennes et même des
incendies allumés par la foudre.

Le silex existe dans plusieurs gisements bien différents.

On le rencontre assez fréquemment dans des bancs de
quartz, dus à des projections éruptives de l'âge primaire ou
secondaire. Dans ces cas, il paraît s'être séparé par action
métamorphique des roches voisines.

Dans l'*argile*, le silex a une forme propre ; il est en
rognons, disposés en lits presque réguliers entre les couches
stratifiées.

Dans la *craie*, on trouve les mêmes dépôts stratifiés de
silex. Il y a aussi des *calcaires* à rognons de silex dans l'*Ap-
tien* du Mont-Ventoux, par exemple, et dans les *calcaires à
cidaris* du Liban; d'après le professeur Zumoffen, ils datent
de la période éocène du tertiaire et ils sont pétris de forami-
nifères. Le silex, dans ces cas, paraît avoir pour point de départ
des corps organisés qui s'encroûtent d'acide silicique ; ainsi
silicifiés ils conservent souvent leurs formes intactes. On sait
que plusieurs végétaux ont la propriété de s'assimiler la
silice pendant leur vie ; le pouvoir de réduction appartient
également aux corps organisés, quand ils ont cessé de
vivre. Les rudistes et les oursins sont souvent des centres
d'attraction. On a émis l'hypothèse que les *éponges* ont
épanché autour d'elles un bain qui les silicifie.

On voit par ces quelques mots qu'il y a encore dans la nature bien des mystères à dévoiler, puisque l'origine du *silex*
est sujette à discussion.

Un homme imagina de *tailler* le silex et de s'en faire une
arme pour se défendre et tuer le gibier nécessaire à sa nour-
riture. La pierre taillée est le seul outil qui nous reste de nos
parents de l'âge de la pierre ; tous les autres ont disparu cor-
rodés par la chaleur, le froid, l'eau et aussi par l'action des-
tructive de plusieurs êtres vivants. Celui qui fit cette découverte n'était pas un *anthropopithèque* à demi-bestial, c'était
un homme doué de raison et d'intelligence. Le silex était

abondant dans la carrière voisine ; sa consistance était dure
et résistante ; il comprit de suite tous les avantages qu'il pouvait en tirer pour les besoins urgents de la vie, il en fit des
armes et des instruments coupants au moyen de cassures
habiles.

Au début de l'humanité, le silex joua donc un rôle de premier ordre ; sans lui les agglomérations étaient impossibles
et les pays qui en étaient dépourvus devenaient inhabitables,
à moins que le primitif ne pût le trouver à peu de distance
de sa demeure ou se le procurer par échange avec des peuplades voisines. L'expérience lui eut vite appris la supériorité du silex de la craie ; aussi il n'hésitait pas à entreprendre
des travaux sérieux pour l'obtenir. A Brandon, en Angleterre, on a découvert dans un banc de craie, un puits de
13 mètres, contenant encore après des milliers d'années les
outils du primitif.

L'homme le plus ancien, celui de *Chelles*, taillait le silex sur
les deux faces, mais d'après l'ingénieuse classification de
A. de Mortillet, à l'époque du *Moustier* il ne tailla que sur
une seule face. Or, ne doit-on pas penser que c'est la nature
du *rognon siliceux* qui lui a imposé cette seconde manière ?
Cayeux, en effet, a démontré que souvent les silex se formaient en deux temps et qu'entre les deux formations existait une pseudo-morphose par suite de l'interposition zonée
des éléments de la craie. Le type du moustier n'est donc pas
intentionnel, puisque l'acide silicique, se concrétant parfois
en couches successives, a nécessairement dans ce cas une
cassure conchoïdale. Du reste le *solutréen* et le *magdalénien*,
devenus plus habiles encore que leurs devanciers, taillaient
sur les deux faces. Je reviendrai plus tard sur la valeur de
cette classification ; pour moi, elle est arbitraire et non chronologique, mais elle doit être conservée, car elle donne aux
descriptions de l'ordre et de la clarté.

Cependant « en nous éloignant de l'Europe, dit Cartailhac,
il faut oublier nos classifications surtout quand elles sont
préhistoriques ».

L'existence du primitif était intimement liée au silex. Après lui avoir donné la forme voulue il l'emmanchait au bout d'un bâton, en le sertissant dans du bois de renne, ou le fixant à l'aide d'un tendon fortement serré ; de la sorte il obtenait des haches redoutables, des ciseaux, des couteaux, des pointes de lances, de javelots, ou de flèches. Les peuples aujourd'hui vivent sans cesse préoccupés de la supériorité de leurs canons, de leurs fusils et de leur poudre ; les *Troglodytes* avaient aussi des raisons de tenir à leur armement : pour eux c'était une question de vie et de liberté.

Un *silex* plus ou moins sphérique étant donné, un ouvrier habile, frappant avec un percuteur, ne pouvait obtenir des instruments utiles de formes indéfinies ; de là évidemment cette *uniformité de la taille* dans toutes les contrées du globe et qui a donné lieu à de Mortillet de faire sa belle division qui est devenue *classique* ; au Mexique et à la Nouvelle-Calédonie, en Sibérie et dans le Transvaal, toutes les pierres taillées se ressemblent. Sans aucun doute la *tradition* de son côté n'a pas été étrangère à la régularité de cette fabrication et c'est une raison de penser que toutes les tribus préhistoriques venaient d'une même famille.

Ceci est vrai dans l'immense majorité des cas. Toutefois de Mortillet, Farnassier, de Morgan et beaucoup d'autres observateurs ont signalé des *silex taillés* en ovale, ou sous forme de *croissant*, de lamelles *concaves*, en *biseaux* de quelques millimètres de long, ou bien de flèches *microscopiques* à Trets et dans plusieurs lieux de la France, de même qu'en Belgique, en Italie, en Crimée, aux Indes, en Tunisie et surtout dans le Sahara.

La perfection de la taille du silex n'a pas toujours marché de pair avec la civilisation. Sous ce rapport dans la vie des peuples on observe souvent des défaillances ; il en a été de même des œuvres lapidaires du primitif ; ainsi dans la grotte de Baumas, Alpes-Maritimes, Rivière a trouvé des silex grossièrement travaillés avec des os de cervidés, de bovidés et des débris de poterie. Parmi les tribus les plus barbares, il semble que d'habiles artistes ont pu naître ; de là ces tailles pures et élégantes qui provoquent notre admiration.

Le silex est essentiellement l'instrument du pauvre ; il ne lui coûte rien, il peut se le procurer partout ; aussi, le trouve-t-on *taillé* ou *poli*, à côté des armes et des vases précieux dans les tombeaux des Egyptiens, à la période où leur civilisation atteignait son apogée ; il florissait en Danemark à une époque peu lointaine ; il règne encore chez les *Esquimaux* et son usage est exclusif dans la *Terre de Feu*.

Dans beaucoup de cas il faut une grande attention pour distinguer une taille intentionnelle. Arcelin a démontré par une série de faits que des silex accidentellement brisés par une roue de char, un cantonnier, etc. pouvaient représenter ou le type chelléen ou le moustérien.

En *résumé*, l'histoire du *silex taillé* est fort intéressante ; la division de Lyell, en *paléolithique* et *néolithique* est à conserver dans l'état actuel de nos connaissances. Quant aux autres classifications, quelque ingénieuses qu'elles soient, elles ne peuvent être définitives ; elles se modifieront par les faits nouveaux. D'autre part, il est bien évident que le silex à lui seul ne porte pas de date et ne peut être un indice chronologique sérieux.

Les anthropologistes ont bien senti la difficulté ; nous allons voir de quelle façon ils se sont efforcés de la tourner.

FAUNE.

On trouve dans la plupart des stations préhistoriques des *os d'animaux fossiles* associés au silex taillé. Les anthropologistes ont essayé d'en tirer parti pour assigner une date à l'existence de l'homme primitif. L'intention était plausible ; examinons quel degré de confiance on peut accorder à ce procédé chronologique.

Os fossiles. — La terre a la garde des corps organisés après leur mort. Elle s'imprègne d'abord des substances dont la dissolution est facile et par une sorte d'assimilation elle les conserve indéfiniment, sous la dénomination générique de *Barégine*. C'est aux produits de cette nature que les terres vierges doivent leur merveilleuse fertilité. Le squelette et surtout les dents ont plus de résistance que les parties molles ; cependant la plupart des ossements parvenus jusqu'à nous appartiennent à de grandes espèces animales. Dans les graviers qui ont été roulés, ballotés et triturés par les cataclysmes du tertiaire et les pluies torrentielles du pleistocène, les os volumineux seuls ont résisté ; on trouve donc abondamment les restes des éléphants colossaux, des rhinocéros, de l'hippopotame, de l'aurochs et du cervus mégacéros ; les os plus petits ont été broyés. Ceci explique la rareté des débris osseux de l'homme, qui a vécu à l'époque du pleistocène.

Il faut signaler aussi l'action corrosive de l'eau, qui devient plus active quand elle est chaude et qu'elle est chargée de principes alcalins ou d'acide carbonique, mais la décomposition s'opère lentement de cette façon ; au contraire elle se fait rapidement sous l'influence du feu. Le primitif quand il habitait une caverne, ou une résidence en plein air, populeuse comme celle de Solutré par exemple, avait assez d'intelligence pour ne pas s'empester avec les détritus qu'il amassait autour de sa demeure. Or il avait un moyen bien simple, c'était de les enfouir dans la cendre du foyer toujours en ignition. De ces os, ceux qui n'ont pas été complètement calcinés sont seuls parvenus jusqu'à nous ; les autres transformés en chaux ont servi de ciment a ces murailles osseuses qui entourent le camp de Solutré. C'est la seule manière de concevoir que la vie fût possible au milieu de ces immenses amas de chevaux qui autrement eussent dégagé des émanations pestilentielles.

La *conservation* des os dans la terre peut s'opérer dans plusieurs conditions. Des limons, des marnes peuvent les englober et préserver leur structure, mais ce sont surtout les pétrifications qui jouissent de cette propriété. Le carbonate

de chaux pénètre la trame osseuse et se substitue à elle en
épousant exactement sa forme ; j'ai déjà dit qu'il en était de
même de la silice. La coque argileuse qui entoure l'os peut
aussi être comprise dans une formation stalagmitique ; nous
y reviendrons à propos de l'étude des *brèches*.

La *gélatine* dans de bonnes conditions d'inclusion peut
rester intacte. Frémy a recherché la matière organique des
os fossiles ; il a constaté souvent sa disparition complète,
mais dans un certain nombre d'analyses, il en a retrouvé 8,
10 et même 20 pour 100. A New-York en 1845, on a trouvé
30 pour 100. Dans les os provenant des cavernes de la Phénicie et qui m'ont été envoyés par le professeur Zumoffen
je n'ai reconnu aucune trace organique.

Mais le conservateur par excellence c'est le *froid*. Gimber-
nat au congrès de Tubingen en 1866 a préparé une gelée
comestible avec des os de *mammouth* trouvés dans les glaces
de la Sibérie, et il a servi aux congressistes un potage, dit
préadamite, fait avec du bouillon à la gélatine de même pro-
venance. Bibra s'est contenté modestement de faire de la
colle-forte avec des os d'ours fossiles.

On voit par ces faits, combien la *fossilisation* s'exerce
dans des conditions diverses. De son degré plus ou moins
avancé on ne peut conclure à un âge déterminé, car l'influence du milieu ambiant prédomine.

Époques où ont vécu les animaux fossiles. — A l'époque
miocène de l'âge tertiaire, le *mastodonte* était contemporain
du *silex craquelé* ; mais la science s'étant désintéressée de
l'homme *tertiaire*, nous n'avons pas à nous en préoccuper
non plus. Dans cette revue générale que nous faisons du
préhistorique, nous délaisserons également l'ingénieuse classification de M. de Mortillet qui nous paraît d'un intérêt
purement régional pour la France et les pays voisins, et qui
est utile seulement pour la description des formes du silex
taillé ; nous suivrons donc la division de Lyell, qui, s'ap-
pliquant à tous les faits dans le monde entier, a reçu l'as-

sentiment des anthropologistes de tous les pays. Nous admettons ainsi deux périodes l'une *paléolithique*, l'autre *néolithique*. La première ou de la pierre taillée est caractérisée par le *mammouth*, le *rhinoceros tichorhinus*, le *cervus megaceros*, l'*aurochs*, l'*ours des cavernes* et le *renne*. La seconde, ou de la pierre *polie*, est caractérisée par l'extinction des trois premières espèces précédentes et l'émigration des trois dernières; en même temps apparaissent les métaux, la domestication, l'agriculture, c'est-à-dire la civilisation. La *faune* devient alors représentée par les animaux actuels.

Telle qu'elle est, cette classification a l'avantage de grouper clairement les faits et de satisfaire l'esprit par une précision apparente; mais est-elle bien dans la nature et repose-t-elle sur des bases bien solides? C'est ce que nous allons examiner.

Objections. — Voici l'opinion de quelques savants sur cette question :

« Nous ignorons, dit Joly, le moment précis où les animaux caractéristiques d'une époque quelconque ont *apparu* ou *disparu*; du reste, les espèces s'enchevêtrent et il est impossible de les utiliser comme point de repère. »

« La faune, dit Zittel, est un élément tellement variable, qu'on ne peut lui accorder qu'une confiance *très limitée*, et la paléontologie laisse régner une grande incertitude sur l'origine et la fin des diverses espèces zoologiques. »

De Mortillet a insisté sur l'importance médiocre de la faune pour donner une date aux objets qui lui sont associés.

Si nous passons en revue les principales espèces zoologiques, nous arrivons au même résultat. Ainsi le *mastodonte* existait pendant le quaternaire en Amérique, où il a peut-être été contemporain de l'homme; depuis longtemps déjà il avait disparu de l'Europe après y avoir été très abondant.

Quant au *mammouth*, ou *elephas primigenius*, il a vécu pendant plusieurs périodes, de sorte qu'il ne peut en caractériser aucune.

Chauvet qui fait cette remarque ajoute que le *renne* est dans le même cas.

D'après Grad, César avait rencontré dans la forêt Hercynienne l'*urus*, le *bison* et l'*élan* qui paissaient avec le *megaceros*. L'ours des cavernes, ajoute ce naturaliste, l'aurochs, le renne ont été détruits par la main de l'homme à une date récente.

Suivant Cazalis de Fontdouce, le *bos cervifigura* des Romains était le renne. Fraas professe la même opinion. A cette époque son émigration n'était donc pas complète. Charlemagne chassait l'*aurochs* en France, où le *cheval sauvage* existait encore au XVIe siècle. On sait du reste que les forêts de la Lithuanie contiennent encore un certain nombre d'*aurochs*.

Tous ces faits ne démontrent-ils pas combien la concordance est irrégulière entre la présence de certains animaux et les variétés de silex taillés par la main de l'homme. Mais voici encore un autre argument qui dénote l'insuffisance chronologique de la faune. Les espèces zoologiques varient essentiellement suivant les latitudes. Elles ne sont plus les mêmes en Europe, en Asie et en Afrique. En Phénicie, le professeur Zumoffen a trouvé dans la grotte néolithique d'Harajel, le *rhinoceros tichorhinus*, et dans cette contrée le *paléolithique* était caractérisé par : *felis panthera, ursus arctos, bubalus, bison, capra, chevreuil, cervus elaphus, sus scrofa, equus caballus*, c'est-à-dire par des espèces existant actuellement dans certains pays et qui avaient trouvé un refuge autrefois dans le massif du Liban.

En Tunisie et à Oran, Rivière a signalé dans les stations préhistoriques l'*elephas atlantiquus* énorme, l'*hippopotamus major*, le *rhinoceros mauritanus*, le *chameau* et l'*autruche*, c'est-à-dire une faune spéciale.

En Egypte, de Morgan et Schweinfurth ne signalent aucun animal *éteint* ou *émigré* à côté des silex taillés si nombreux dans cette contrée. La faune préhistorique est identique à la moderne ; Lortet a signalé : canis, lupus, bos, capra, gazelle, bison, sus, autruche, etc. ; notons toutefois que l'éléphant a émigré et que le chameau est venu.

Une explication de ces faits me paraît fort naturelle ; de

tout temps, même à l'âge de la pierre, la vallée privilégiée du Nil a été extrêmement peuplée et les bêtes sauvages ont dû prendre la fuite à mesure que l'homme y pénétrait. Cette remarque s'applique à tous les pays à population dense, comme autrefois la Chaldée et maintenant dans les environs de nos grandes villes. Il est incontestable que la *paléontologie* démontre une faune différente dans les pays à vieille civilisation et dans l'Europe qui est restée longtemps à l'état sauvage.

Expliquer l'extinction et l'émigration de certaines races par un changement dans le climat est une pure hypothèse, car nous sommes actuellement témoins de faits du même ordre que nous ne pouvons expliquer. L'animal, du reste, présentant sous ce rapport une certaine analogie avec l'homme, a souvent la faculté de s'acclimater malgré un climat en apparence contraire ; ainsi le *mammouth* et le *rhinoceros* ont habité les monts Altaï et dans les glaces de la Sibérie on trouve leurs cadavres intacts et couverts de longs poils.

Les *espèces botaniques* nous donnent parfois des exemples de cette adaptation, malgré les rapports autrement intimes qu'elles ont avec le sol et le climat ; ainsi le *bambou* qui est vivace en Indo-Chine, prospère très bien dans l'île Sakhaline qui a le climat de Saint-Pétersbourg. Il règne donc une certaine obscurité sur les conditions qui permettent aux corps organisés de se plier aux exigences du climat, et c'est une raison plausible pour ne pas tirer des conclusions prématurées des faits paléontologiques nouvellement observés.

On admet généralement que les animaux ont vécu là où nous trouvons leurs ossements ; cela est essentiellement problématique pour les raisons suivantes : les os ont à peu près la consistance des graviers et des limons qui ont été transportés au loin et ils ont pu être mobilisés à de grandes distances avec eux pendant le diluvium ; la preuve, c'est que dans le sol des cavernes, on ne trouve souvent qu'une dent ou une portion de maxillaire. Affirmer alors une association me semble une conclusion aventurée. D'après Grad, le ha-

zard seul a réuni les ossements du mammouth et du tichorhinus avec ceux de l'homme.

Du reste, les débris des squelettes trouvés dans les stations
ne peuvent nous indiquer la faune de l'époque, car le *préhistorique* ne tuait que les animaux de son voisinage, et par con-
séquent il y a nécessairement beaucoup de lacunes dans
l'espèce de musée qu'il nous a laissé. Et puis, quand il avait
enfoui une grande quantité d'os dans les cendres de son foyer,
il était obligé de le déblayer de temps en temps, de là des
remaniements et des amas en désordre autour de l'habitation.

DES TERRAINS ET DE LEUR REMANIEMENT

Les *ossements* de l'homme *fossile* et les *silex* taillés sont
fréquemment enfouis dans le sol ; il est donc important d'é-
tudier comment se sont formés les terrains qui les entourent, afin d'établir leur ancienneté relative.

L'hypothèse généralement admise est que la surface du
globe était primordialement constituée par une roche dure.
Dans cette condition, la vie étant impossible, des phénomènes nombreux ont été nécessaires pour produire l'état
que nous observons aujourd'hui.

Nous allons jeter sur leur ensemble un coup d'œil syn-
thétique, et, pour résumer brièvement l'action des grands
phénomènes géologiques, nous les envisagerons dans trois
périodes, l'*émiettement*, le *remaniement*, l'*orogénie*.

Première période : ÉMIETTEMENT. — La *silice*, l'*alumine* et la
chaux étaient les éléments principaux des roches primitives ;
toutes les autres substances minérales entraient aussi dans
leur constitution, mais dans des proportions moindres.

L'eau fut le plus actif agent d'émiettement des roches.
En arrivant à leur contact, elle a exercé son pouvoir dissol-
vant ; elle s'est imbibée à travers leurs pores dilatés par la
chaleur et sous l'empire du froid elle les a fait éclater.

D'autres causes sont intervenues, sans doute, dans cet

immense phénomène d'effritement, mais avec une énergie moindre ; je signalerai seulement l'action de l'acide carbonique dont le rôle a grandi à mesure que la terre avançait en âge. Quand la couche effritée a été suffisamment copieuse, une semence de vie y a été déposée par le Créateur, de telle sorte que la science constate déjà une faune palézoïque dans l'*âge primaire* ; elle fut. d'abord *agnostozoïque*, ensuite les annélides et les arénicoles la caractérisent dans la période cambrienne, les trilobites et les céphalopodes dans la silurienne, puis successivement les vertébrés firent leur apparition première dans la période dévonienne, sous la forme de poissons qui se multiplient ainsi que les plantes. Enfin le carbonifère eut les polypiers marins ; le permien les reptiles et les ammonitidés en même temps qu'une luxuriante végétation.

Les débris de ces organismes sont pour nous des fossiles caractéristiques d'une époque et, au dire des paléontologistes, ils affirment le *synchronisme* des dépôts, même d'inégale nature. Les sédiments reçoivent également une date chronométrique par les mollusques, car on suppose l'uniformité du régime océanique dans lequel ils ont vécu.

Toutes ces données sont bien nouvelles ; mais elles sont si séduisantes ! Cependant on entend parfois des notes discordantes même à l'Institut : c'est ainsi que, cette année, Amalitzki, professeur à Varsovie, lui a communiqué ses découvertes dans le Permien en Russie, près de la Dwina. Il a trouvé 15 à 20 squelettes de pareiasaurus de 4 mètres de long, ainsi que des dinosauriens. Or n'est-il pas étrange de voir, au nord, de grands quadrupèdes ayant vécu à l'âge *primaire* et qui sont analogues à ceux de l'Inde et de l'Afrique centrale, dans le *trias* de l'âge secondaire.

La seconde période fut le REMANIEMENT *et la fertilisation.*

Le remaniement est l'œuvre de l'homme qui cultive son champ ; son but est d'y faire pénétrer la chaleur, le froid, l'air, l'acide carbonique et les engrais ; il s'applique à *mélanger* les diverses parties de composition inégale et surtout à enfouir les couches superficielles, sous les couches profondes. Or ce travail important, la nature s'est efforcée de le faire, constamment, depuis l'origine du monde. Elle a employé dans ce but et avec un esprit de suite merveilleux les procédés les plus variés : sur des surfaces immenses, ce furent d'abord des soulèvements et des affaissements alternatifs ; ceux-ci favorisèrent l'invasion répétée des mers qui ont permis aux mollusques, aux zoophytes aux protozoaires le prodigieux développement attesté par les coraux, la craie et des bancs calcaires colossaux. L'épaisseur des terrains crayeux atteint jusqu'à 350 mètres : leur dépôt a exigé, dit-on, une durée d'environ 120,000 ans. Les marnes bleues qui contiennent des mollusques en grande quantité se sont déposées à une époque moins reculée. D'après Bourguignat, celles des rives de la Saône datent de 7,000 ans.

La terre ferme a été, elle aussi, perforée dans tous les sens par les vertébrés fouisseurs, les insectes et les vers ; bien mieux, les racines des végétaux s'insinuent également partout et serpentent dans toutes les directions.

Cette période, qu'on peut appeler de *fertilisation* et de *mélange*, a duré pendant l'âge *secondaire* et la plus grande partie du *tertiaire*. Ce sont les époques des sauriens gigantesques, qui vivaient dans les marais et des immenses herbivores qui paissaient autour des grands lacs. A ce moment la terre était dénuée de reliefs et sa température d'une douceur uniforme, car elle pouvait conserver la chaleur solaire qui rayonnait sans obstacle sur tous les points de sa surface.

L'OROGÉNIE *constitue la troisième période.* Avec elle s'annonce une ère nouvelle, qui a son début au *miocène* et se poursuit jusqu'aux temps modernes. On peut ranger, sous ce chef, la formation des montagnes, ou *orogénie* proprement dite ; l'éruption des roches et même les volcans, car ce sont des phénomènes du même ordre, qui tous aboutissent à créer le relief de la surface, à creuser des vallées profondes, où les grands cours d'eau établissent leur lit définitif. Quelle

que soit la cause de leur soulèvement, les montagnes qui
ont surgi sont de deux sortes : les premières sont ces bancs
calcaires concrétés surtout pendant le lias et le jurassique ;
c'est à eux que nous devons les montagnes du Jura, les
Alpes jusqu'au niveau du col du Bonhomme, l'Atlas, le Liban, les pentes de l'Himalaya et des montagnes Rocheuses. Je
ne signale ici qu'un petit nombre de points culminants,
j'ajouterai seulement qu'il y en a de semblables dans toutes
les contrées du globe. Les calcaires, malgré leur origine
tardive, ont donc joué un rôle organique important.

Dans une seconde catégorie nous trouvons les roches primitives ou granitiques, qui poussées, à leur tour, par un effort
de bas en haut sont devenues saillantes à la surface au point
de dépasser toutes les autres ; un certain nombre a rencontré
des couches calcaires probablement horizontales ; elles les
ont perforées et en ont tapissé leurs flancs obliquement. De là
les massifs amygdaloïdes des Alpes, des Pyrénées, du
Colorado, etc.

L'orogénie a produit un bouleversement considérable de
l'écorce terrestre : les roches non malléables se sont rom-
pues ; de là des crevasses, des failles, des dénivellations appa-
rentes ou cachées par les sables et les limons. Je ne crois pas m'a-
vancer trop en affirmant qu'il n'est pas un petit pays de quelques
kilomètres carrés, où un observateur attentif et expérimenté
ne dénote les traces des dislocations étranges subies dans
les temps passés par la pellicule de notre globe. C'est donc
là un fait général ; il me permet de conclure qu'à la grande
période orogénique, dont je viens de parler, la terre n'était
pas consolidée et qu'il était dangereux de vivre à sa surface.

Les VOLCANS sont un épisode de l'orogénie. Comme particularité, ils exigent le voisinage de la mer, dont l'infiltration
souterraine détermine des combinaisons de corps profondément situés, qui entrent violemment en déflagration et
vomissent des torrents de lave.

L'Auvergne et le Velay ont offert le fait rare de volcans situés
loin des mers ; mais la géologie nous apprend que la mer

Oligocène a baigné pendant longtemps, en France, le plateau Central qui avait subi un affaissement et que d'autre part la mer Miocène allait de Rouen à Marseille ; le voisinage de l'eau marine explique donc leur volcanisme exceptionnel. Toujours est-il que les mers ont opéré leur retrait et que les volcans se sont éteints.

Dans les laves du volcan éteint de la Denise près du Puy, Aymard en 1844 a trouvé des brèches contenant plusieurs débris d'ossements humains. La faune voisine était représentée par l'ours des cavernes, le mammouth et le rhinocéros tichorhinus. Sur un *autre* versant, il a recueilli des restes de mastodonte. Il a cru pouvoir conclure que la race humaine avait été témoin des dernières convulsions volcaniques de l'Auvergne ; que la brèche était pliocène et que l'homme de la Denise était *tertiaire*.

Ces conclusions n'ont pas reçu l'assentiment de tous les savants. Les Allemands et parmi eux Virchow et Zittel mettent en doute l'authenticité de l'homme de la Denise. Voici les objections qui ont été opposées à ce fait retentissant : La brèche n'est pas constituée par une substance *lavique* mais bien par du carbonate de chaux et de l'argile qui caractérisent les brèches ordinaires ; elle a subi un mélange accidentel avec une coulée lavique, par suite d'un remaniement.

Ces réserves prudentes sont confirmées par le fait suivant : Girod-Gautier, à Gravenoire (Puy-de-Dôme), a trouvé récemment sous une coulée volcanique un *banc d'argile* contenant des *silex moustériens*, mélangés à des *silex magdaléniens* de l'âge du renne. De telle sorte que le moustérien et le magdalénien paraissaient antérieurs aux volcans. Cette conclusion, qui portait une atteinte grave aux dogmes de la géologie et aux enseignements classiques de l'archéologie préhistorique, provoqua des protestations indignées de la part de Pommerol. Ne doit-on pas conclure qu'il y a eu glissement de la coulée lavique sur la couche argileuse, en vertu de ce grand fait du remaniement qui a produit des modifications si profondes de la surface terrestre. Probablement pareil glissement s'est effectué sur les pentes de la Denise.

On a encore objecté, aux assertions d'Aymard, les éruptions tardives. De nombreux volcans, après un sommeil prolongé, se sont réveillés soudain et ont exercé des ravages terribles sur les populations imprévoyantes installées dans le voisinage. Il y a des éruptions pareilles qui sont historiques : pourquoi n'auraient-elles pas existé dans les temps préhistoriques ?

De tous ces arguments il résulte que la haute antiquité de l'homme de la Denise est restée problématique.

Du Refroidissement de l'Atmosphère. — La paléontologie a démontré que le climat est devenu plus froid à partir du *pliocène*, c'est-à-dire au moment où la terre s'est mamelonnée de toutes parts et a été sillonnée par d'importants massifs de montagnes très élevées. C'est à cette époque, de l'avis des géologues les plus autorisés, que l'orogénie a atteint son maximum. Le fait paraît donc hors de contestation et on a lieu d'être surpris en voyant les hypothèses invraisemblables admises par des savants de premier ordre. C'est ainsi qu'on a allégué tantôt le déplacement de l'axe terrestre, tantôt les dimensions colossales du soleil à l'état nébuleux. Les hauts sommets sont cependant une cause de froid que tout le monde a pu apprécier ; ils projettent leur ombre sur de grandes surfaces où l'humidité persiste et dont ils empêchent le réchauffement solaire. Par le fait d'une distribution inégale du calorique, d'énormes masses d'air chargées de vapeurs nuageuses, sont mises en mouvement et vont au loin abaisser la température avec d'autant plus d'intensité, qu'elles ont pris contact avec les neiges éternelles. Celles-ci, en fondant, refroidissent aussi les plaines. Avant l'orogénie, pas de massifs réfrigérants, mais au contraire une insolation uniforme de la surface, qui gardait la nuit la chaleur qu'elle avait emmagasinée le jour.

Du reste en disant un mot des glaciers, nous tâcherons

d'établir que la hauteur de nos montagnes actuelles nous donne une idée imparfaite de celle qu'elles devaient avoir au début de l'âge quaternaire.

Période glaciaire

Les temps modernes ont été précédés par la période glaciaire dont l'action puissante a profondément modifié les couches superficielles de notre sol sur des étendues immenses. Les terrains mis en mouvement par les phénomènes remarquables de cette époque sont parfois superposés aux reliques de l'homme primitif ; de là l'intérêt qu'ils offrent à notre étude.

Les Glaciers préhistoriques ont produit des effets dont nous apprécions la nature en étudiant les nôtres, qui cependant, en comparaison, ne sont que des miniatures.

Les glaciers ont la faculté de transporter au loin les roches granitiques qu'ils ont arrachées aux hauts sommets en prenant leur course vers les plaines. Pendant leur trajet, ils strient les roches qui leur résistent, creusent des lacs en labourant puissamment le sol et charrient en les roulant des cailloux également striés. Leur masse pesante, sur son passage, pulvérise en partie les matériaux qu'elle amène de la haute montagne, mais, chemin faisant, elle démolit également des bancs calcaires ; de sorte que la boue glaciaire renferme non seulement de la silice et de l'alumine, mais encore de la chaux.

Le terrain ainsi déplacé prend le nom *d'erratique* ; les Anglais l'appellent le *drift*. Il se compose essentiellement de *blocs*, de *cailloux*, et du *lehm*.

Les *blocs erratiques* subissent des sorts divers suivant qu'ils sont englobés dans le *névé*, ou situés à sa périphérie ; ceux-ci forment des cailloux roulés, tandis que ceux-là peuvent être transportés intacts à de prodigieuses distances. Les glaces Laurentiennes en ont ainsi porté à 1500 kilomètres. En Poméranie existe un bloc de 840 mètres cubes provenant

des glaciers Scandinaves, ayant franchi les mers gelées ;
l'altitude de ce manteau erratique s'est élevée à 375 mètres.
A l'heure actuelle d'après Nansen, il y a une épaisseur de
névés de 1500 mètres en Groënland. On trouve des blocs
granitiques à 1200 mètres sur les sommets calcaires du
Jura. A Lyon ils abondent sur le plateau de la Croix-Rousse
et de Sainte-Foy.

Les *cailloux* périphériques, par leur dépôt, forment les moraines latérales ou frontales ; mais ceux qui sont restés englobés, à l'abri du frottement, apparaissent après la fonte de la
neige glacée, sous forme de pierres irrégulièrement cassées.
Quand ils ont subi un émiettement plus intense ils constituent la masse énorme des *graviers* et des *sables*.

Lehm : c'est la désignation du limon trituré par les glaciers.
De Lapparent réserve ce nom à l'argile formée exclusivement
d'alumine et de silice et appelle *Lœss* celui qui renferme du
calcaire. Cette distinction ne me paraît pas justifiée, car au
moment de leur éruption, les roches granitiques ont généralement soulevé une quantité de sédiments jurassiques, qu'elles
ont plaqués contre leurs flancs, à une grande hauteur et dont
la destruction contribue à la formation du *lehm*. Du reste
le sol, ravagé par le passage du glacier, entre aussi dans
le limon glaciaire, de telle sorte qu'il y a dans tous les cas
mélange d'éléments minéraux divers. Dans le lehm du
glacier du Rhin, qui s'étend de Bâle à Mayence, on a trouvé
du sable fin, de l'argile, du carbonate de chaux et des parcelles de mica. Cette analyse me semble indiquer la véritable
moyenne.

L'argile rouge est une variété de *lehm*. Sa couleur et les
silex cassés qu'il renferme attirent sur lui l'attention. Ne
pourrait-on pas attribuer ces deux caractères à une torré-
faction énergique ? On sait que le feu fait éclater les silex et
que la cuisson, en peroxydant le fer, donne aux briques et
aux tuiles un rouge intense. Cette hypothèse conduit à ad-
mettre que les phénomènes orogéniques et éruptifs ont touché de bien près au volcanisme.

L'argile contient souvent la chaux à l'état de *poupées calcaires*, que connaissent trop bien les tuiliers.

En somme le *drift* possède certains caractères typiques :
ses cailloux sont striés, ses graviers ne sont point stratifiés,
son limon est amicrobien, à cause de l'origine glaciaire.
Voilà la théorie, mais en fait, un *drift* ne reste pas longtemps
jeune ; bientôt les agents atmosphériques s'emparent de lui,
les microbes, les mollusques en font leur proie, les eaux le
déplacent et il devient impossible de reconnaître son
origine.

Le lehm s'est formé à toutes les époques ; telle est l'opinion de Mortillet. Bien mieux, il est sujet aux déplacements
et dès lors il ne peut attester que les *restes humains* qu'il
recouvre datent de la période glaciaire.

La *cause* des glaciers anciens me paraît être due à l'orogénie. L'altitude actuelle nous donne une faible idée de
celle des temps passés. Quand je considère à Lyon les masses
énormes de terrain erratique, arrachées aux cimes alpestres,
qui se sont répandues sur le plateau de la Croix-Rousse et
sur celui de Sainte-Foy, qui ont inondé le plateau des
Dombes, qui se sont étalées jusqu'à Vienne, en laissant des
couches épaisses dans tout le Dauphiné ; quand je réfléchis à
la quantité effroyable de *lehm* emportée à la mer par les
eaux troubles du Rhône, en même temps que les sables, les
graviers, les cailloux roulés, dont le fleuve a déblayé son lit
et que, par un effort de pensée, je cherche à replacer tous ces
matériaux sur les sommets découronnés de nos massifs alpestres, mon esprit arrive à concevoir des pics analogues à
l'Himalaya, qui a 8,840 mètres ; aux Névadas de Bolivie qui s'é-
lèvent à 7,900 mètres et alors je comprends l'extraordinaire
accumulation de neige de la période glaciaire et le refroidissement de l'atmosphère qui en a été le corollaire. Cette hypothèse semblera plus probable si l'on admet qu'en même
temps les Ardennes, le Morvan, le Beaujolais et le plateau
Central se sont hérissés de montagnes dont la plupart ont
eu leurs glaciers. La proximité de tous ces amas glacés,

par leur rayonnement réciproque, a contribué énergiquement à l'abaissement de la température. Cette explication n'est
pas nouvelle ; elle existe en germe dans les œuvres des géologues les plus éminents ; seulement ils ne me semblent
pas lui avoir accordé l'importance qu'elle mérite ; ainsi de
Lapparent suppose au Mont-Blanc environ 100 mètres de
plus.

La *marche* des glaciers, si elle est envisagée avec la conception de leur étiogénie orogénique, doit être singulièrement modifiée et leur *durée* devra être sensiblement atténuée.
La vitesse actuelle est d'après de Mortillet de 63 mètres par
an, de sorte que pour atteindre Lyon les glaciers du Rhône
auraient mis près de 4,000 ans, mais, si l'on admet que les Alpes
eussent une hauteur double, la rapidité de l'envahissement
se trouve accrue dans des proportions telles qu'elle devient
analogue au régime des avalanches et au glissement rapide
de la boue glaciaire sur un plan fortement déclive.

Quant au *retrait* des glaciers, on peut le supposer d'une
durée beaucoup plus courte que leur progression, pour deux
raisons : la première c'est que l'abaissement rapide des montagnes démantelées a dû permettre le retour d'une température plus douce ; la seconde c'est que les pluies abondantes
du *pleistocène*, qui a succédé immédiatement aux glaciers,
ont dû activer la fonte des *névés*, en même temps que leur
glissement et déterminer de véritables débâcles.

Le *nombre* des glaciers est considérable sur la surface du
globe. Les géologues en découvrent fréquemment de nouveaux qui avaient échappé à l'attention ; pour ne parler que des
observations les plus récentes ; Savoye a démontré ceux du
Beaujolais ; Pommerol ceux de l'Auvergne ; Mahé a mis hors
de doute celui de Mascara en Algérie ; Zumoffen celui du
Liban.

Pour donner une idée de l'importance de la période
glaciaire, et de ses divers phénomènes, qu'il me soit permis
d'emprunter quelques détails au bel ouvrage de Lapparent.

Les glaciers *Scandinaves* ont envahi l'Angleterre, l'Ecosse et la Poméranie, en franchissant les mers gelées. Leur largeur était de 4,000 kilomètres au nord, l'altitude du manteau erratique était de 375 mètres. Ils ont amené avec eux des fossiles Siluriens de la Scandinavie, dont on a pu faire une véritable collection à Berlin.

Les glaciers du fleuve *Saint-Laurent*, en Amérique, sont établis sur une surface de 15 millions de kilomètres carrés, où l'on constate des roches striées et moutonnées. Ils sont bornés par les montagnes et les mers. Dans le Wisconsin, il y a un îlot non touché, de 25,000 kilomètres carrés. Le *drift* a, dans une grande étendue, 100 mètres d'épaisseur.

De la pluralité des périodes glaciaires. — Des géologues de premier ordre ont soutenu énergiquement l'idée d'une période glaciaire unique, qu'ils rapportent au début du quaternaire et dont la durée dépasserait 100,000 ans. Or ils trouvent sous le terrain glaciaire les traces de l'homme, d'où ils concluent que sa présence sur la terre date d'une fabuleuse antiquité. Cet argument a surtout été mis en lumière par de Mortillet. De leur côté, Pommerol, pour le Puy-de-Dôme et Chantre pour les Alpes, le Caucase, la Scandinavie, le Tyrol admettent une seule invasion avec des périodes de ralentissement et d'exacerbation.

La *pluralité* a été soutenue non moins vivement par plusieurs savants en s'appuyant sur des faits dont voici quelques-uns :

Dans les Pyrénées, Peuch en a reconnu plusieurs. Suivant du Pasquier, les phases glaciaires ont été multiples dans les Alpes.

D'après *Delafond* et *Depéret*, les glaciers ont comblé deux fois le lit de la Saône et du Rhône ; la première dans le *pliocène* la seconde dans le *pleistocène*. Celle-ci a été moins puissante que la première.

Au Pérou, *Steinmann* a constaté deux périodes. Dans l'Amérique du nord Chamberlin en distingue trois : la dernière est indiquée par le mastodonte, et des flèches d'obsidienne, près du lac Lahoutan.

De *Lapparent* admet trois périodes glaciaires, le retour des glaces a surtout été prononcé en Europe, en Allemagne et en Suisse.

Ramsay croit à quatre périodes glaciaires. Entre chacune d'elles on trouve de puissantes couches de sable intercalées. A Berlin, par exemple, il y a une énorme couche de sable fluviatile, contenant *l'elephas antiquus*, le *mammouth*, le *tichorhinus*, *le leptorhinus*, le renne et le cerf; elle dénote une longue phase interglaciaire c'est-à-dire des périodes multiples. La Poméranie en compte trois. Après la première le recul des glaciers a permis des lacs d'eau douce. La seconde n'a pas cheminé en Saxe aussi loin que la première. A la surface du lehm de la dernière on trouve le silex néolithique et le renne.

Geikie prétend qu'il y a eu six périodes d'avancement et de recul des glaciers : *Boule* soutient que les invasions ont été multiples. La fin des volcans du Cantal a vu s'établir les premiers glaciers, dans les moraines desquels il a trouvé des silex chelléens.

Enfin certaines observations permettent de supposer que les glaciers ont pu se produire dans l'âge primaire et dans l'âge secondaire ; à ces époques où le sol de nos contrées était éminemment instable, les vestiges de ces périodes passagères ont pu être dissimulés par les glaciers miocènes ou quaternaires.

La *pluralité* des invasions glaciaires semble donc avoir une démonstration scientifique. Chacune a déposé son lehm qui a été repris ou délaissé par d'autres, ou bien encore balayé par des courants d'eau violents. Dès lors on ne sait quel est son point de départ et à quel moment les traces de l'homme ont été couvertes par son limon. Il y a aussi des lehms méconnaissables par suite de l'altération de leurs caractères, qui ont pu même devenir fertiles en organismes et se déposer en strates, ballotés loin des lieux où leur glacier les avait abandonnés ; de quelle valeur peut être leur témoignage pour attester l'antiquité de l'homme, puisqu'eux mêmes n'ont plus d'âge ! Tous les géologues qui ont scrupuleusement étudié les invasions multiples ont constaté que la première a toujours été plus puissante. Cette observation semble confirmer la théorie orogénique à laquelle je me rattache ; l'abaissement des sommets a diminué le froid et amoindri les précipitations atmosphériques.

En supposant que les opinions des savants, que je viens de citer, laissent encore planer des incertitudes, il faudrait en conclure que le problème est plus confus qu'on ne l'avait cru tout d'abord et que la solution ne paraît pas claire aux esprits prudents, puisqu'une notable divergence règne dans le camp des spécialistes au sujet d'un phénomène géologique de la plus haute importance et de date relativement récente ; c'est au point qu'au pays des *Célestes*, on ignore si bien d'où vient le lehm, qui a parfois 400 mètres d'épaisseur sur d'immenses étendues, que *Rictoffen* a prétendu qu'il avait une origine *éolienne* !

PLEISTOCÈNE

Représentons-nous le facies de la terre après les sédiments, après l'orogénie, après les convulsions sismiques qui l'avaient crevassé de toutes parts, après les phénomènes éruptifs et après les invasions glaciaires ; ne semble-t-il pas que son aspect laissât beaucoup à désirer ? Au *pleistocène*, dit de Lapparent, fut dévolu le rôle de tout mettre en état convenable.

Cette période a pour caractère des pluies intenses, qui ont alterné avec les diverses périodes glaciaires, car toutes deux sont des phénomènes météorologiques du même ordre.

Le premier effet de ces précipitations aqueuses formidables a été la fusion des *névés,* puis la mobilisation de bancs immenses de graviers et d'argile, dont quelques-uns ont glissé au loin sur des pentes glacées, flottant dans la boue comme de véritables *icebergs.* Parmi ces bancs, quelques-uns dataient des premiers âges et ils ont été superposés à d'autres d'origine plus récente : de là une confusion grave, quand il s'agit de déterminer l'âge des objets qu'ils recouvrent ; les alluvions déplacées par le pléistocène ont entraîné avec eux tout ce qui avait eu vie. Sous leurs couches profondes on trouve *l'elephas antiquus*, le *rhinocéros de merk*, le *tichorhinus*, le *mammouth*, le silex paléolithique et néolithique, confondus ensemble.

Le fait suivant me paraît digne d'intérêt : en Scandinavie Hamy a trouvé une habitation d'homme *préglaciaire*, sous un dépôt erratique ; malheureusement il fut prouvé qu'il y avait eu remaniement du terrain et que l'habitation était de date relativement récente. Telle est du moins l'opinion émise par de Mortillet en 1877. Suivant lui, le *drift* aurait glissé à une grande distance sur des terrains glaciaires qui sont très coulants. L'homme, du reste, n'aurait pu vivre en Scandinavie, à cette époque d'un froid intense.

L'imagination se représente difficilement les cataclysmes qui se produisirent sans doute à cette époque. Lorsque le désastre de *Saint-Gervais* vint subitement dévaster un pays tranquille depuis des siècles, ce fut une stupéfaction générale. Mais supposons le lac Léman, fermé à Genève par les moraines glaciaires ayant élevé considérablement son niveau et que le barrage s'effondre subitement sous l'influence du pléistocène, on conçoit alors la mobilisation d'alluvions énormes sous la poussée furieuse des eaux. Leur déplacement a pu se faire à des distances incalculables, car la géologie nous apprend qu'à cette époque les vallées étaient comblées par le *drift* de la période glaciaire.

Le rôle du pléistocène fut à un moment donné de déblayer les vallées, créées autrefois par le miocène et d'y rétablir le cours interrompu des fleuves. Il est probable que cette action fut rapide, car la masse d'eau accumulée dans les dépressions du sol avait facilement raison de dépôts meubles, dont l'argile constituait l'élément principal. De Lapparent fait une juste remarque en disant que le creusement à nouveau du lit des fleuves ne peut servir de chronomètre en prenant pour terme de comparaison l'érosion actuelle, comme l'ont fait les naturalistes suivants : « La Vézève, dit Broca, a creusé son lit de 27 mètres, entre le moustier et la madeleine ; jugez l'énorme espace de temps ! » D'après Winchel, le creusement post-glaciaire du Niagara a exigé de 7 à 10,000 ans.

L'argument, si souvent répété, de l'espace énorme de temps exigé depuis le retrait définitif des glaciers, par le déblayement des vallées, perd donc singulièrement sa valeur, quand on songe que les cours d'eaux se sont établis partout au miocène, sous l'influence de l'orogénie à son début et probablement aussi des mouvements sismiques sillonnant notre écorce, encore malléable, de *failles* gigantesques.

Les formations pleistocènes se réduisent à des alluvions brusquement déposées ; elles ménagent donc des surprises ; ainsi Chauvet dans une sablière de Tillion, Charente, ayant trouvé le *meridionalis*, le *mammouth* avec le silex chelléen, de Mortillet ne put s'empêcher de s'écrier douloureusement, que c'était une *macédoine !* (congrès de Caën). Pommerol fit alors observer que les animaux crevaient dans une localité, mais que leurs ossements étaient souvent transportés au loin. Voilà la vérité et la morale des discussions scientifiques, à propos de certaines associations de vestiges humains avec des ossements d'animaux tertiaires.

Le *diluvium rouge* s'est manifesté pendant le *pleistocène*. Ce fut, dit Zittel, un véritable déluge universel, mais envahis_ sant successivement les diverses parties du globe. Le dépôt limoneux a affecté certains lieux de préférence ; ainsi sur la rive droite de la Saône, de Châlon à Mâcon l'argile rouge est uniformément abondante. Il est probable que les eaux, dévalant directement des Alpes, l'ont rencontrée sur leur passage et par un violent remous l'ont précipité sur la rive occidentale de la rivière.

La dispersion de l'argile rouge s'est opérée partout ; la preuve c'est qu'on la retrouve dans toutes les cavernes à ossements, où elle entre dans la constitution des brèches. Il est

probable, je le répète, qu'une action volcanique et geysé-
rienne inconnue a concouru à sa formation. Fuchs avait
déjà émis semblable opinion à propos des silex craquelés.
Quoi qu'il en soit, cette argile a dû être déposée et mobili-
sée à plusieurs reprises, et rien d'étonnant à ce que dans ses
couches on rencontre parfois les traces de l'homme ; seulement, on ne sait jamais à quelle époque elles remontent.

Mais dans ce déblai colossal, la terre n'a pas tout gardé :
une partie importante est allée, dans les mers, donner le
sol nécessaire à cette *flore* qui nourrit de nombreuses populations aquatiques. « Il pleut, dit Lubbock, c'est le convoi de
la terre ferme qui passe. » Ne regrettons pas trop de voir
ainsi charrier les débris des siècles passés, car ils vont por-
ter la vie dans la profondeur des abîmes.

Le *pleistocène* a été le dernier acte géologique de ces
immenses bouleversements, qui tendaient tous au mélange
des terrains divers ; grâce à eux *la fertilisation* a été ob-
tenue par la juxtaposition, en proportion sagement com-
binées, des calcaires et des marnes pénétrés de mollusques fossiles avec les sables siliceux ou micacés, plus ou
moins grossiers ; de plus ces deux derniers éléments as-
surent la *perméabilité* de la surface et l'introduction de l'eau
atmosphérique qui s'étalent à peu de profondeur en *nappes
souterraines* indispensables à la vie de la faune et de la
flore.

Apparition de l'homme. — « A l'époque miocène l'homme
eut été un anachronisme, dit Boyd-Dawkin ; il ne pouvait venir
qu'après le couronnement du monde organique ; quand les
règnes animal et végétal auront reçu tout leur développement. »

Peu de temps après les dernières secousses volcaniques,
sur le bord des glaciers en retraite, l'homme apparaît pour
la première fois *dans nos contrées*, en même temps que le
mammouth d'abord et bientôt le renne. Cette apparition
hâtive, dans des terrains encore mal assis, fut une impré-

voyance sans doute car il fut supris par un phénomène terrible le diluvium rouge, qui par toute la terre a mobilisé d'immenses quantités d'argile, sous lesquelles nous trouvons ses ossements et ses outils de silex. Mais cette action a été rapide ; de là l'absence des sédiments qu'on observe dans les premiers âges.

DE LA NON-SIMULTANÉITÉ DES GRANDS PHÉNOMÈNES GÉOLOGIQUES. — La géologie est une belle science ; mais, malgré le haut mérite de ceux qui la cultivent, elle est obligée de se nourrir d'hypothèses, lesquelles à un moment donné sont considérées comme intangibles. Parmi les problèmes qui sont à résoudre scientifiquement, ceux qui ont trait à rechercher si les grands *phénomènes géologiques ont été partout synchrones,* me paraît d'une importance capitale au point de vue de l'antiquité du préhistorique.

La terre a été successivement soumise au *régime* des mers, avec leurs sédiments et leurs mollusques ; au régime des montagnes avec leurs fleuves ; au régime des glaciers avec leur drift et enfin à celui du pleistocène avec ses pluies d'une abondance extrême.

Chacune de ces périodes a-t-elle régné uniformément sur le globe entier ? Poser ainsi la question est aussi la résoudre. La météréologie nous apprend que les effondrements de terrains, les cyclones, les inondations avec raz de marée, les tremblements de terre, les chaleurs intenses, les froids excessifs sont actuellement des phénomènes variables et *localisés.* Ce qu'on voit aujourd'hui a dû exister autrefois. Je me refuse donc à considérer comme universellement isochrones les grands faits géologiques de l'âge secondaire tertiaire ou quaternaire. De longs intervalles de temps ont pu séparer le pliocène de l'Asie, du pliocène de l'Europe, et au cours de cet espace on peut intercaler l'humanité pendant plusieurs siècles d'existence.

Le *régime des mers* a eu évidemment une considérable durée, il a semé partout des sédiments puissants. On ne

s'étonnera pas de l'uniformité de leur constitution car les
éléments chimiques capables de les former sont en petit
nombre dans la nature.

Je ferai une même remarque pour les mollusques. La
mer Silurienne, la mer Jurassique et la Miocène sont caractérisées par des mollusques spéciaux, à cause vraisemblable-
ment des conditions des milieux identiques. Mais n'est-il
pas possible que le milieu soit chimique, soit climatérique, ait pu se modifier de la sorte, à des époques très différentes ? Un même mollusque à des distances éloignées ne
prouve donc pas l'isochronisme des immersions marines.

Des observations géologiques multiples ont démontré que
l'affaissement qui a produit les mers, s'est effectué irrégulièrement. Ainsi Sauvage soutient que l'effondrement de la
forêt de Boulogne s'est produit à l'époque de la pierre polie,
quelque temps après l'ouverture du pas de Calais, qui cor-
respond au mammouth. C'est l'époque probable où les ri-
vages de la Baltique devinrent habitables et cela explique
pourquoi les kjœkkenmedings du Danemark sont de date
si récente. C'est au même moment sans doute, c'est-à-dire
pendant le pleistocène, que l'Atlantique s'est approfondie,
et que le Nil a remblayé le golfe égyptien. Le climat de l'Europe, pendant cette phase marine, était d'une remarquable
douceur ; et il devint plus rigoureux lorsque la terre se
hérissa *partout* de montagnes.

C'est au régime *Orogénique* qu'il faut attribuer, je crois,
cette modification profonde dans nos contrées : mais on peut
penser qu'il était établi depuis longtemps dans la partie du
monde où la race humaine avait pris naissance. « Les phénomènes géologiques, dit de Lapparent, ne font pas une
seule série, mais des *épisodes* affectant parfois une seule
région. » Voici quelques notions sur l'orogénie : elle a duré
pendant tout le tertiaire, suivant Oldham. Les Cordilières
ont apparu à la fin du crétacé, ainsi que les Pyrénées, qui
ont été suivies par les Alpes après un certain intervalle.
Dans le pliocène on voit surgir la chaine des montagnes

Rocheuses, et les volcans du Mont-Dore ont soulevé leurs dômes au début du quaternaire, leurs laves couvrent le cheval et les mollusques actuels

L'évolution orogénique du globe s'est donc faite en plusieurs temps avec des reprises et des exacerbations et son apogée a été probablement le signal d'un refroidissement *purement local.*Grad, en effet, a fait une observation fort intéressante : pendant que les glaciers envahissaient une étendue considérable, la faune et la flore continuaient à se développer dans les *régions* voisines, qui ne paraissaient pas s'apercevoir d'un changement climatérique. On y a trouvé le mammouth, le tichorhinus et le mégacéros.

Le *régime* des glaciers a été multiple, c'est-à-dire que les invasions ont opéré à des époques différentes, de l'avis de la majorité des géologues, d'où il résulte que le *drift* ne peut servir de point de repère pour assigner un âge aux objets qu'il a recouverts. Ainsi par exemple le départ des glaces Laurentiennes ne remonte qu'à un nombre restreint de siècles.

Une même remarque peut s'appliquer à la période *pleistocène* dont les péripéties diverses défient toute évaluation chronologique, dont l'intensité a produit le *diluvium rouge* et qui a mobilisé en les superposant irrégulièrement des masses de terrains, les uns anciens, les autres récents.

De cette argumentation il ressort, en somme, que l'homme de nos régions a subi les dernières convulsions du globe, tandis que le centre de l'Asie constitué depuis longtemps sur de solides assises donnait, aux populations, un refuge assuré.

HABITATION DU PRÉHISTORIQUE

L'homme de l'âge de la pierre ignorait l'art de se mettre à l'abri dans une maison ; toutefois des faits observés, en grand nombre, indiquent qu'il éprouvait le besoin de se défendre contre les intempéries des saisons. Voici l'indication succincte des divers modes de logement adoptés par lui.

Les *cavernes* ou *grottes* se rencontrent à peu près exclusivement dans les grandes assises calcaires. L'exemple suivant en donne l'explication : le massif du Liban, suivant le P. Zumoffen, est constitué par un calcaire à *cidaris* (oursin) *glandarius*. Il est friable, se corrode et se délite facilement sous l'influence des cours d'eaux : aussi les grottes naturelles y abondent. Il en est ainsi partout ; aussi nous constaterons fréquemment, dans une caverne, la coexistence d'infiltrations aqueuses, de ruisseaux et même de lacs.

Elles ont servi dès l'origine de repaire aux bêtes sauvages dont on trouve les ossements : ce sont l'ours, l'hyène, le lion, etc.

Puis l'homme s'est emparé de ces lieux de refuge. Un *silex quelconque* est une preuve de son séjour, s'il est étranger à la constitution minéralogique des roches de la grotte. Mais on y trouve aussi les traces d'un foyer, reconnaissables à des parcelles de charbon, à des cendres mélangées à des os d'animaux tués à la chasse. Les os longs sont fendus et brisés en petits fragments ; de plus, des stries démontrent qu'ils ont été raclés sans doute pour enlever les parties comestibles.

Dans les cendres on retrouve assez souvent des ossements humains qui ont subi un traitement analogue, c'est-à-dire la fragmentation et la striation, d'où l'on a conclu hâtivement aux habitudes de cannibalisme du préhistorique.

Quand les matériaux du foyer étaient accumulés en trop grande quantité, ils étaient déblayés et rejetés au dehors, à peu de distance de l'orifice.

Brèches. — A un moment donné l'homme préhistorique abandonnait sa caverne, qui devenait alors la proie de l'humidité. Parfois celle-ci survenait violemment, comme l'inondation du *diluvium* rouge, ou bien les nappes souterraines produisaient une lente infiltration et dans l'une ou l'autre circonstance les objets contenus étaient englobés par une concrétion *stalagmitique*, qui a merveilleusement conservé les précieuses reliques de l'homme des premiers âges.

Voici, je crois, le mode de formation de la *brèche* : le troglodyte, ai-je dit, enfouissait les os dans la cendre de son foyer, toujours en ignition. Ceux qui ont été épargnés par la chaleur, sont seuls parvenus jusqu'à nous. Les autres par leur décomposition ont produit de la *chaux vive*, substance éminemment antiseptique. Quand ce mélange a été abordé par l'eau, il s'est concrété comme un véritable mortier et la brèche a été constituée, renfermant des ossements d'hommes et d'animaux, des silex, etc. Le ciment intercalé est une terre rougeâtre. Le P. Zumoffen m'a envoyé un échantillon de celui de la grotte d'Antélias, en voici l'analyse faite par M. Cotton :

Carbonate de chaux. ⎰
Phosphate.   . *id.* ⎱ 80 %
Argile. 12
Sable siliceux. . . 8

le tout coloré par l'oxyde de fer.

La gangue de cette brèche était médiocrement dure ; mais dans certaines circonstances les matières organiques deviennent un centre d'appel pour la silice et alors la brèche est inattaquable même par les instruments d'acier.

Après le départ de leurs habitants les cavernes ont encore été occupées par des animaux dont quelques-uns y ont établi leur terriers. Ils ont contribué pour leur part à aggraver le désordre dans lequel le primitif avait laissé son habitation. Il n'est donc pas possible, comme le font quelques explorateurs, d'affirmer que le sol préhistorique n'a subi aucun remaniement, si ce n'est depuis un petit nombre de siècles, car on ignore toujours l'époque de la pétrification.

Abris sous roche. — Le préhistorique a aussi utilisé des saillies de rochers pour se défendre des intempéries ou des bêtes féroces ; on en connaît un certain nombre.

Camps en plein air. — On a découvert une foule de ces camps en Phénicie, en Egypte et surtout en Afrique où la douceur de la température autorisait ce mode d'habitation. Il y en a un certain nombre en Europe, dont le plus remarquable est celui de Solutré, qui a été soigneusement étudié par des hommes d'un grand talent, auxquels il doit sa réputation ; ce sont : MM. de Ferry, Arcelin et l'abbé Ducrost.

Le *camp de Solutré* est situé près de Mâcon, sur le versant sud-est d'une grande roche calcaire coupée à pic. Il est à une altitude de 300 mètres et mesure 849 mètres carrés. Les foyers et les sépultures occupent une épaisseur de 2 mètres 40 centimètres. Voici la nomenclature des animaux dont on trouve les os : mammouth, grand tigre, loup, renard, *cervus megaceros*, aurochs, renne et surtout cheval. On rencontre en effet partout les os et les dents de *l'équus caballus* et en si grande abondance que pour l'estimation de leur nombre, Toussaint et Arcelin ont varié de 40 mille à 200 mille. Leurs restes, rejetés au dehors du camp, forment une muraille de 140 mètres de long ; les os ne sont pas striés ; ils paraissent avoir été passés au feu. Cette grande quantité de chevaux est une énigme. Toussaint suppose qu'ils ont été domestiqués incomplètement et que l'homme les conservait en grands troupeaux.

Le solutréen donnait la sépulture à ses morts, en observant certains rites funéraires. Il creusait son foyer, puis y couchait le corps le dos sur les cendres ; deux pierres plates étaient dressées verticalement de chaque côté des hanches et une troisième derrière la tête ; près de lui on déposait les armes du défunt et un quartier de renne ; un emplacement spécial était réservé aux vieillards, un autre aux enfants. Dans

les tombes on a trouvé de rares débris de poterie, mais aucune trace de métal. Il n'en était pas de même dans les sépultures romaines ou mérovingiennes situées dans le voisinage.

L'homme de Solutré était vigoureux, dit Pruner-Bey ; il
avait le crâne brachycéphale du Lapon. D'après Arcelin, il
descendait d'une tribu mongoloïde de l'âge du renne. Broca
a cru devoir reprendre cette étude. D'après ses idées person-
nelles : sur 18 crânes choisis avec un soin rigoureux il a
trouvé 7 dolichocéphales, 6 brachycéphales et 5 mésaticé-
phales ; aucun n'était prognathe. La capacité cranienne était
supérieure à la moyenne des Parisiens. Les têtes des rennes
étaient pleines, donc suivant Arcelin, Solutré était une station de chasse de mai à octobre, occupée seulement pendant
six mois d'une longue période d'années et par une tribu
nombreuse.

Les squelettes humains étaient caractérisés par la persis-
tance de la suture frontale, la perforation de la fosse olécranienne. Des affections comme le rachitisme, l'hydrocéphalie, la carie des os et des dents, étaient fréquentes.

Le silex n'était pas poli, mais paléolithique ; il était très
habilement taillé sur ses deux faces, en feuille de laurier.
Il représentait des haches, des racloirs, etc. Il y avait sept
types de pointes de flèches si perfectionnés, que le néolithique les a conservés. Ces instruments, qui dénotent une
entente du tir à l'arc, ont un cachet de simplicité et d'intelligence.

De plus on a découvert des essais artistiques ; ce sont trois
figurines de rennes, sur rognons siliceux tendres ; des dents
et des coquilles percées et des marques de chasse sur bois
de renne.

En résumé, cette station, véritable Pompéi préhistorique,
fait entrevoir les signes précurseurs de la civilisation. Doit-
on attribuer ce fait à la forte proportion de brachycéphalie ?..

Ateliers. — On a ainsi désigné des espaces de terrains, où se
rencontrent en grande quantité les débris de la taille du

silex. En Egypte, à Abydos, à Touck, à Kawamil on a trouvé d'immenses ateliers. Non loin existent de puissants sédiments crétacés contenant l'agate et la cornaline avec des bancs de rognons siliceux de plusieurs mètres d'épaisseur.

Les *palafittes* sont des habitations construites sur pilotis dans des lacs. *Hérodote* (Liv. V. 484. av. J.-C.) rapporte qu'en Péonie (Illyrie) existait le lac Trasiade, où une ville était élevée sur des pieux. En Suisse on a trouvé 161 palafittes. Vogt pense qu'ils ont été importés des rives du Nil, avant les métaux. C'est possible, mais probablement la coutume avait passé d'abord par le lac Trasiade. On a trouve des palafittes en Hongrie, en Italie, en Poméranie, en Savoie sur le lac du Bourget. En France les palafittes ont été nombreux. Duleau en a signalé huit dans les lacs de la Gironde ; Chantre en a observé des traces dans le lac Paladru et Savoye dans un gué de la Saône, celui de Grelonges.

La coutume d'utiliser l'eau comme moyen de défense a été générale ; elle existait encore au moyen âge, où l'on voit des châteaux au milieu des marais ; les Dombes en offrent plusieurs exemples.

Les habitants des palafittes polissaient la pierre, ignoraient les métaux, pratiquaient l'agriculture et la domestication, connaissaient le chien et confiaient les morts à la terre ferme. Le nombre des habitants de chacun de ces refuges, ne paraît pas avoir été très considérable, cependant Wanger nous apprend que dans les palafittes de Congler on a compté 50,000 pilotis. Toutes ces habitations lacustres ont été détruites par un incendie. A ce sujet, qu'on me permette une réflexion : cette retraite dans des huttes incommodes, perchées sur des pieux au-dessus de l'eau, n'indique-t-elle pas que le primitif de cette époque connaissait la *guerre*, comme du reste tous les hommes dont l'histoire a parlé ?

Les *kjœkkenmedings* sont des stations préhistoriques situées sur le bord de la mer, en Danemark. Elles ont été découvertes en 1850 par Steenstrup. Schmidt les a également bien étudiées et nous les a fait connaître. Steenstrup place leur existence à l'époque de la *pierre polie,* mais de Quatrefages les croit bien postérieures. Elles sont surtout caractérisées par d'énormes amas de coquillages. C'est là qu'on a trouvé les haches de silex les plus grandes et les plus belles.

La faune était représentée par le cerf et le chien. Le renne n'est pas signalé ; on suppose qu'il avait déjà émigré, fait bien étonnant, si son existence, au temps des Romains, est confirmée. Le Danemark préhistorique ayant connu le bronze 1500 ans et le fer 500 ans avant notre ère, il s'en suit que les kjœkkenmedings remontent tout au plus à 2000 ans. Voilà une date à retenir.

Lortet applique aussi cette dénomination aux habitations des rives du golfe Nilique. Elles étaient des huttes en roseaux. Leur emplacement est recouvert par 14 mètres de limon du fleuve.

Les *dolmens* et les *tumuli* ont succédé insensiblement aux grottes ; ils ont même coexisté avec elles d'après Mortillet. Ils ont été utilisés alternativement comme lieux d'habitation ou de sépulture. La plupart contiennent la pierre polie ; on y trouve aussi le bronze. Ceux d'Angleterre, dit Lubbock, contiennent la pierre *taillée* et pas de métaux.

L'HOMME PRÉHISTORIQUE
DEVANT LA SCIENCE MODERNE

L'histoire nous apprend que l'envahisseur a trouvé partout le sol occupé avant lui par *l'autochtone,* c'est-à-dire le *préhistorique.* Mais cet homme mystérieux, quel était-il ? D'où venait-il ?

Au point où nous en sommes de notre étude, la solution de ces questions est déjà résolue en partie ; il nous reste à grouper des notions éparses dans notre travail. Nous allons donc examiner l'homme de l'âge de la pierre au point de vue de son anatomie, de sa physiologie, de ses maladies, de son degré de civilisation et de ses mœurs.

Anatomie. — Les anthropologistes modernes, et Broca en tête, ont attaché une importance capitale à la conformation du crâne pour distinguer les races pures. A la suite de recherches attentives, la majorité des crânes préhistoriques a été reconnue *dolichocéphale*, c'est-à-dire ayant un indice céphalique de 75, ou au-dessous. La dolichocéphalie exagérée tombe à 66.

Ce caractère, net au début, était déjà atténué à la fin du paléolithique ainsi qu'on l'a observé à Solutré et dans les tumuli de l'Angleterre. Admettons donc la dolichocéphalie telle que Broca l'a définie comme indice de race, mais n'allons pas plus loin, car elle s'allie à notre époque avec des qualités intellectuelles remarquables.

Au fond, ces recherches céphalométriques ont produit de fortes désillusions ; elles me paraissent nous avoir confirmé ce que nous savions déjà, que la puissance du cerveau n'est pas dans la forme et la capacité de sa boîte, mais qu'elle est dans l'intelligence.

Anomalies osseuses. — De nombreuses anomalies ont été observées chez l'homme de l'âge de la pierre.

La *tête* a été le siège d'un certain nombre ; ainsi la saillie d'un *bourrelet frontal* au niveau des sinus a été signalée plusieurs fois. Le front fuyant du *néanderthal* a tellement frappé l'imagination de quelques anthropologistes qu'ils en ont fait une race. C'est la première et la seule fois qu'une anomalie eut créé une race naturelle ; qu'on interroge les vétérinaires à ce sujet. Virchow et Vogt considèrent, du reste, le néanderthal comme un microcéphale dont l'existence est postérieure au diluvium.

Il est intéressant de constater quelle énorme proportion de *malformations* nous montrent les ossements du préhistorique malgré leur nombre relativement restreint. C'est dans cette catégorie qu'il faut classer la mâchoire de la *naulette*, les fémurs à colonnes ou platymériques, les tibias platycnémiques, les péronés avec une fissure longitudinale et enfin la perforation de la fosse olécranienne, qui se retrouve quelquefois aujourd'hui. La fréquence de ces anomalies pourrait, peut-être, s'expliquer par le mode d'existence du primitif ; en effet, il vivait en groupes familiaux restreints et les unions consanguines devaient être la règle.

Affections osseuses. — La carie des os et des dents a été signalée très souvent ; on a cru même avoir constaté la syphilis ! Je me permettrais d'élever quelques doutes à cet égard, car les *lésions syphilitiques* n'ont pas de caractères suffisamment distincts pour permettre de les distinguer des ostéopériostites vulgaires après tant de siècles.

L'hydrocéphalie a été fréquemment rencontrée. A l'époque robenhausienne les *fractures* n'étaient pas rares et sur 18 cas les chirurgiens avaient obtenu 3 succès.

Ils faisaient aussi très habilement la trépanation dont le docteur Prunières a rapporté plusieurs observations.

Au sujet de la carie préhistorique, je ferai remarquer que sa forte proportion prouve que l'habitant des cavernes était dans de mauvaises conditions hygiéniques. Le pléistocène entretenait les nappes souterraines dans un état de réplétion permanente ; de là le suintement manifesté par les stalactites et les stalagmites. Les enfants et les femmes devaient être plus spécialement impressionnés par l'humidité par suite de leur vie plus sédentaire.

L'adulte, lui, chasseur, grâce à l'exercice au grand air, luttait avantageusement contre les inconvénients d'une habitation malsaine ; il devenait même très vigoureux ainsi que le dénote la saillie de ses crêtes osseuses. Mais la tribu devait compter une forte proportion d'infirmes. C'était peut-être parmi eux que se recrutaient les habiles tailleurs de silex et les artistes dont les gravures nous étonnent.

Toujours est-il que *l'incurvation rachitique* des membres a été constatée sur une si grande échelle qu'un ingénieux disciple de Darwin et d'Hœkel a vu là une ressemblance pithécoïde !

On a souvent parlé *d'ossements fossiles gigantesques*, mais des recherches attentives semblent ranger ces assertions dans l'ordre des légendes.

En somme, la santé générale du *troglodyte* était plutôt médiocre : aussi n'a-t-il pu procréer des colonies puissantes pour résister à l'envahissement et sa race s'est éteinte. Solutré semble avoir fait une exception ou y trouve les traces d'une bonne organisation qui dénote l'influence d'un chef ; il est vrai de dire que la brachycéphalie s'était infiltrée en forte proportion parmi la dolicocéphalie originale. Topinard est tellement confiant dans la supériorité des têtes rondes qu'il s'écrie dans un accès de lyrisme. « Le progrès aidant, la dolicocéphalie sera remplacée par une brachycéphalie universelle et l'homme peut espérer atteindre l'idéal bouddhique !... » Mais Broca l'arrête par ces mots : « *Memento te animal esse.* »

Mœurs et Civilisation. — L'animal en naissant a reçu l'instinct avec ses limites inexorables. L'homme a reçu en partage une intelligence perfectible. De cette qualité native découlent tous les progrès humains ; l'évolution naturelle des êtres n'y est pour rien. L'animal est et a toujours été le même. L'humanité a des phases lumineuses et des périodes d'éclipse. L'étude des mœurs du *troglodyte* nous laisse l'impression de ce dernier état.

Tribu. — Doué de l'instinct de la sociabilité, l'homme préhistorique vivait en familles isolées ; dans quelques stations cependant, comme celle de Solutré ou de la vallée de la Vézère on trouve les traces de sociétés populeuses et d'une organisation qui fait soupçonner l'influence d'un chef maintenant l'ordre.

Habitat. — D'habitudes plutôt nomades, l'homme n'en faisait pas moins de longs séjours dans des cavernes, dont l'orifice d'entrée était cachée dans des rochers ou des gorges. Ce seul fait est un enseignement. Il prouve qu'il dissimulait sa demeure à des ennemis plus forts que lui. La faiblesse et la crainte pouvaient seules le contraindre à disputer des souterrains à des ours, des renards ou des hyènes, animaux revêtus d'une fourrure protectrice. Ce n'est pas le singe, notre prétendu ancêtre, qui eût commis la faute lourde de parquer sa famille dans des réduits sombres et humides, exposés aux agressions des reptiles et des sauriens ; il lui fallait à lui, le soleil et l'air pur, les espaces libres et les grands arbres de la forêt ; et cependant, à en croire de Mortillet fils, ce mode d'existence avait été le lot de l'anthropopithèque pendant le miocène, car ses membres incurvés dénotent qu'il était à cette époque un animal *grimpeur* ; pour obtenir des membres droits et devenir un animal *coureur* de nombreux siècles furent nécessaires. Quoi qu'il en soit, après des coutumes ataviques aussi gaies, après un habitat aussi hygiénique, aller se confiner dans une tannière, ce n'est pas un progrès, c'est une chute et une déchéance !

Le Feu. — L'acte de faire et entretenir le feu caractérise l'homme, dont on ne peut sans cet élément concevoir l'existence.

C'est là, je n'hésite pas à le dire, une preuve d'intelligence de premier ordre. A la campagne, le paysan juge la valeur intellectuelle d'une ménagère d'après son habileté à faire le feu. Vivant non loin des forêts, l'autochtone entretenait soigneusement les charbons ardents de son foyer, qu'il installait non loin de l'entrée de sa caverne.

On croit généralement qu'il obtenait le feu, comme certains sauvages en frottant rapidement deux morceaux de bois l'un contre l'autre ; j'inclinerai à penser qu'il y parvenait, en percutant un minerai ferrugineux avec le silex.

Outre la cuisson des aliments, le feu lui servait à comburer les restes de son repas et à protéger l'entrée de sa grotte contre l'agression des fauves.

Alimentation. — Il vivait surtout des produits de sa chasse. Les débris osseux amassés dans son foyer le prouvent surabondamment. Cuvier, Wansop et Joly citent plusieurs os d'animaux fossiles dans lesquels on a trouvé le silex qui les avait blessés. Il avait également les ressources de la pêche. Sans aucun doute il mangeait aussi des fruits ; mais dans les vallées sauvages et boisées, les fruits devaient être rares et de qualité médiocre ; tandis qu'en Egypte il avait : les dattes, le lotus, les raisins et le sel.

La plupart des stations étaient situées près d'une source d'eau abondante.

Androphagie. — Le *troglodyte* avait déjà été accusé par Hérodote et Strabon de se nourrir de chair humaine et les recherches modernes ont semblé donner raison à cette imputation de cannibalisme, en montrant des os humains striés et fragmentés comme ceux des animaux et mélangés avec eux dans les cendres du foyer. D'après Vogt cette coutume barbare devint plus fréquente dans le *néolithique*.

A cet égard j'émettrai quelques doutes. Wiedemann, professeur à Bonn, a fait des recherches sérieuses, sur les divers modes de sépultures égyptiennes, dans les tombeaux de Négadah, à l'époque prépharaonique. Or il a constaté trois systèmes différents : 1° l'incinération, 2° la position accroupie ou embryonnaire, dans un vase de terre cuite, et 3° le *dépeçage*.

Voici de quelle manière on procédait : on exhumait le cadavre après l'avoir laissé pourrir dans la terre pendant un mois, on le dépeçait, on raclait les os, puis on les cassait en menus fragments et on les jetait dans le foyer. Ce rite funéraire, usité aussi en *Chaldée*, reposait sur la conception, que *pour forcer un être à entrer dans l'autre monde, il fallait le réduire en petits morceaux et l'incinérer*. Nous retrouvons ce mode d'inhumation chez les Berbères de l'Aurec, dans la Nouvelle Zélande, chez les Patagons, en Italie, en Champagne et à Cro-Magron, dont l'habitant possède, avec l'indigène de la vieille Egypte, la plus grande analogie, étant mésaticéphale comme lui.

J'insiste sur le fait d'une coutume identique appuyée sur la conception d'une vie future, en Chaldée, en Egypte, dans l'Aurec et à Cro-Magron. Je reviendrai sur cette remarque.

Poterie. — Cartailhac et Arcelin pour la France, Evans pour l'Angleterre, nient formellement la poterie à l'époque du renne et, lorsqu'elle se présente avec les objets paléolithiques, ils invoquent le remaniement.

Dupont pour la Belgique et Fraas pour l'Allemagne affirment au contraire que la poterie se trouve quelquefois associée aux restes du mammouth. Le professeur Zumoffen en Phénicie l'a rencontrée avec le silex taillé ; du reste Arcelin lui-même l'avait vue à Vergisson qu'il décrit comme paléolithique ; à Rheuss, près Schaffouse, avec le silex moustérien et des os travaillés, on a trouvé la poterie. Grad a récolté des silex taillés avec des vases de terre cuite. Se basant probablement sur ces faits, de Ferry admet la *poterie* paléolithique ; elle est noire et grossière. Il paraît donc établi qu'elle n'est pas postérieure aux espèces éteintes comme le disait de Mortillet. Quand on ne trouve aucun débri de vases en terre cuite dans une station, on n'est pas en droit de conclure qu'elle n'existait pas. Toutes les poteries préhistoriques de l'Europe et de la plupart des contrées étaient séchées au soleil ou mal cuites au feu, de sorte qu'elles se délitaient facilement et n'avaient aucune résistance. Il est donc probable qu'elles ont disparu, comme beaucoup d'autres objets à l'usage du primitif de nos régions, dont l'habileté était bien médiocre, si on la compare à celle de son contemporain l'autochtone prépharaonique. En effet nous voyons dans le livre de Morgan que les poteries de Négadah étaient émaillées et remarquables à tous les points de vue. Les potiers, en s'éloignant des rives du Nil, n'avaient pas tardé à perdre leurs bonnes traditions.

Les Arts ne furent pas complètement ignorés du préhistorique. On a de lui des dessins et même des peintures. L'abbé Ducrost a mentionné à Solutré des dessins d'animaux faits sur des rognons siliceux tendres : à Pair-non-Pair (Gironde) Daleau a trouvé sur les parois de la Grotte quatorze gravures, dont quatre de ruminants et quatre d'équidés. A

Aurignac, Lartet en a découvert sur des bois de renne. Ils sont même tellement beaux qu'ils ne laissent pas d'inspirer une certaine méfiance. Ainsi, cet homme à plat ventre, couvert de poils, qui saisit le pied d'un aurochs, pendant qu'un immense serpent descend des airs, pour lui mordre le talon, me paraît assez comique. C'est l'histoire préhistorique écrite par un contemporain ! N'y a-t-il pas là œuvre d'un mystificateur ? Zittel soupçonne qu'un certain nombre de ces dessins ne sont pas authentiques et il signale des fabriques frauduleuses de silex et d'animaux fossiles pour *musées* ; c'est le cas, dit-il, du squelette trouvé sous une carapace de Glyptodonte, qui est à Copenhague. La supercherie est bien plus facile pour les dessins, et pour les *peintures*. Piette dans la grotte de la Mouthe (Dordogne) a découvert des peintures faites au moyen de la sanguine et représentant des animaux. Vilanova, en Espagne, a vu des *fresques* en noir et en rouge, sur le plafond d'une grotte de l'époque du renne. Peut-être un aimable farceur avait passé par là !

Toutefois ne poussons pas trop loin le scepticisme sur les qualités de l'artiste européen, car de même que pour la poterie il était resté bien en arrière de l'habileté de l'Egyptien, dont les tombeaux nous révèlent des œuvres d'art merveilleuses.

La *parure* est caractéristique de l'espèce humaine. Le chien ne s'orne jamais. Le Papou qui se nourrit de vers de terre, se pare de coquillages.

Parmi les restes du primitif on a recueilli de nombreux objets de parure ; la plupart ont été anéantis par le temps.

Pierre polie et Métaux. — Dans la période *paléolithique* la taille fut seule appliquée au silex ; puis vint la meule et le polissage, ou période *néolithique*. A peu près à la même époque les *métaux* firent leur apparition, qui débuta par le *bronze*.

Mais cette question, malgré les tentatives de simplification, comporte encore plusieurs incertitudes. Il résulte, en effet, des recherches les plus modernes que beaucoup de pays ont connu d'autres métaux avant le bronze et, chose bien plus grave encore, n'ont pas connu l'âge de la pierre.

Voici un résumé de quelques faits et de quelques opinions :

D'après Wrigt, qui croit peu à l'âge paléolithique, il y avait au début, emploi simultané de la pierre polie et des métaux. La pierre utilisée par les pauvres était d'un emploi général à l'époque du bronze. Les métaux étant plus dispendieux restaient l'apanage des riches.

Cette réflexion me paraît donner la solution des obscurs problèmes de l'âge de la pierre, et établir une distinction radicale entre les pays civilisés et les pays barbares. L'Orient était riche, il eut les métaux de bonne heure ; l'Europe était pauvre, elle vécut pendant de longs siècles n'ayant que des outils et des armes de silex. Ceci dit, poursuivons notre enquête.

Le *bronze* paraît avoir été le premier employé en Orient, d'où il a été rapidement importé partout grâce à l'activité commerciale des Phéniciens qui florissaient 1200 ans avant notre ère et qui exploitaient l'étain en Cornouailles et l'ambre dans la Baltique. Cependant d'après Wiedemann, l'étain pénétrait en Egypte, par la mer Rouge venant d'Arabie ; au dire de Maspéro le bronze est asiatique. Suivant Kerviler l'introduction du bronze en Amérique doit être fixée vers le VIIe ou VIIIe siècle avant Jésus-Christ.

D'après Fuchs on a fait le bronze par hasard, en chauffant fortement des *pyrites* de cuivre contenant de l'étain ; toujours est-il que l'uniformité de composition du bronze préhistorique laisse supposer qu'il provenait d'une seule contrée.

Suivant Wiedemann, Horus a conquis l'Egypte avec ses forgerons, sur le *néolithique* ou autochtone qui en était encore à l'âge de la pierre. On suppose que ces guerriers envahisseurs possédaient des armes de *cuivre* et qu'ils avaient traversé la mer Rouge, car ils s'avançaient du midi au nord dans la vallée du Nil. D'après Berthelot, à Abydos on fabriquait des haches de cuivre ; on ne savait pas couler le bronze. Abydos était donc à l'âge du cuivre. Toujours est-il que le peuple conquérant, ayant Horus à sa tête, était supérieur par ses armes de cuivre à l'autochtone qui cependant savait si bien tailler la pierre.

Le *cuivre* au Pérou, dans les monts Ourals et en Ibérie, était à l'état natif; il a servi de bonne heure à faire des haches.

Vilanova en a trouvé contenant ce métal pur à Cuéras avec le renne et la poterie. Le comte Chasteignier décrit également dans la même contrée deux haches de cuivre pur avec silex. En Amérique le cuivre a précédé le bronze, dit Lubbock. Au moment de la conquête, il y avait aussi des haches de diorite.

L'*or* se trouvait partout à l'origine des âges. Wide croit qu'il a été le premier métal connu et travaillé en Irlande. Gosse, de Génève, dit que l'or a été rencontré dans la grotte de Veyrier au milieu d'une brèche contenant des silex taillés, des os d'homme et de renne.

Le *fer* dans certaines contrées paraît avoir devancé les autres métaux. Ebers a constaté que dans le centre de l'Afrique son usage date de la plus haute antiquité. Dans ce pays on le rencontre abondamment à la surface du sol, et sa réduction est facile ; de sorte qu'il semble que son industrie y a pris naissance. C'est également l'opinion de Pommerol.

Mais d'après Wright, il y avait au début emploi simultané de la pierre polie et des métaux. Seulement la pierre était restée l'outillage exclusif des indigents pendant toute la période du bronze.

Cette courte revue ne semble-t-elle par démontrer qu'il n'y a rien eu de chronologiquement précis dans l'usage que fit le primitif, de la pierre, du bronze et de divers métaux. Il se guidait suivant son degré de civilisation et les ressources que lui offrait son pays.

Hiatus. — La question de savoir si un espace de temps plus ou moins considérable s'est écoulé, entre la pierre *taillée* et la pierre *polie* et entre celle-ci et les *métaux*, a soulevé de nombreuses discussions parmi les anthropologistes qui se sont divisés en deux camps : les uns, avec de Mortillet et ses élèves, désireux de vieillir l'humanité, admettent, entre chaque expression de l'industrie préhistorique, des *hiatus* immenses et s'efforcent de classer toutes les trouvailles *paléontologiques* suivant un ordre auquel on ne doit pas toucher. Les autres tendant à réduire l'époque où l'homme a vécu sur la terre, n'admettent pas des périodes bien tranchées et séparées par des intervalles ; ils concèdent bien certaines transitions insensibles, mais ils constatent fréquemment des mélanges qui jettent le trouble dans cette histoire si correctement ordonnée, si bien conçue par les savants modernes. Nous allons passer en revue quelques-unes des opinions émises à cet égard.

Suivant Clémence Royer, le régime des fleuves a fait un *hiatus* énorme entre le *meridionalis* et le *mammouth* et entre le *renne* et la *pierre polie*.

Broca ne croit pas que la lacune soit bien considérable, car dans les *dolmens* on a trouvé des couteaux et autres ustensiles en *pierre taillée*. Les fémurs ne se rapprochent pas de ceux du singe qui n'offrent pas la disposition en colonnes. Quant aux tibias platycnémiques, on les trouve aussi bien dans les stations d'*Eyzies* et de *Montmartre* qui sont *paléolithiques* que dans celles de *Chamant* et de *Gibraltar* qui sont néolithiques.

D'après Vézian les trois âges de la *pierre*, du *bronze* et du *fer* se sont succédé sans que la nature *géologique*, la *faune*, la *flore* et le *climat* aient subi une modification appréciable.

Clouet a trouvé à Douhet (Charente) un mélange de *moustérien* et de *magdalénien* avec *tichorrhinus* et *mammouth*.

Rivière à Fontaine (Dordogne) a découvert trois ateliers avec haches de silex *taillé* ou *poli*, os humains, cerf et éléphant.

En Sibérie, Kartchavoro a rencontré le mammouth avec une pierre trouée.

A Brassempuit, dans les Landes, Magitot a signalé le tichorrhinus et le mammouth associés au *magdalénien*.

Vassel, en Tunisie, a vu le *néolithique* franchement mélangé au *paléolithique*, avec poterie et œufs d'autruche. La station paraît antérieure à Hérodote (484).

A Linderthal, près Schaffouse, on a constaté des *silex taillés* avec *mammouth, tichorrhinus*, os travaillés et poterie.

Hamy, se basant sur l'identité des squelettes de la grotte de Duruty, dit qu'il n'y a pas d'intervalle entre le paléolithique et le néolithique qui se succèdent et se continuent par une transition insensible.

Dans l'Ariège, dit Piette, il n'y a pas d'hiatus, car le robenhausien est immédiatement superposé au magdalénien.

Dans la grotte de Gargas, près Toulouse, d'après Regnault, il y a plusieurs types de silex *taillés* ou *polis* avec le *tichorrhinus*.

Dans le tumulus de Rochechouart, le paléolithique est mélangé au *néolithique*, au dire de Chauvet.

Rivière, dans la grotte de Baumas (Alpes-Maritimes), en même temps que des *silex* grossièrement *taillés* a reconnu des os de bovidés, de cervidés et de la poterie.

Dupont de Bruxelles soutient que le type des haches *paléolithiques de Saint-Acheul* s'est propagé en Hainaut, pendant toute la période *néolithique*, accompagné de la poterie.

De Mortillet lui reproche aigrement de tenter de raccourcir les époques préhistoriques dans un but clérical ; de jeter pour y parvenir, la confusion entre les âges et les périodes ; de ramener la pierre *polie* aux temps historiques et ne pouvant faire rentrer la préhistoire dans les temps bibliques, de vouloir l'encastrer au moins dans l'histoire de l'Egypte.

Aubrion a étudié en Champagne des stations où étaient mélangés le *moustier* et la pierre *polie*. Hamy observe qu'à Sordes le *paléolithique* a été suivi du *néolithique* sans transition apparente. Les sépultures de cette dernière époque reposent immédiatement sur les restes de la première.

A Ternifine, près de Tlemcen, Carrière a trouvé un calcaire coupant, de formes chelléenne et moustérienne, mélangé avec *éléphas, hippopotame* et *chameau*. Impossible, pour ces objets divers, de distinguer des étages.

Abordons maintenant les *métaux* :

Suivant Siret, ingénieur hollandais, dans les grottes de l'Espagne, la transition est insensible : « la base de l'outillage, dit-il, est *néolithique* ; le métal apparaît sous deux formes : ce sont d'abord des bijoux, des bracelets, des grains de collier en bronze, importés par un peuple plus avancé, à côté des outils en cuivre, produits d'une métallurgie indigène primitive. En même temps, coutume d'incinérer les morts ; puis les habitations et la poterie se perfectionnent ».

D'après les recherches de l'abbé Breuil, à Anise (Oise), l'industrie de la pierre polie se confond avec le bronze. On ne peut y faire de distinctions. C'est dans les stations néolithiques les plus importantes qu'on trouve le plus d'objets en bronze. On ne doit donc pas considérer la période du bronze, comme chronologiquement distincte de celle de la pierre polie. Cette opinion est aussi partagee par d'Ault-Dumesnil.

La *conclusion* de tous ces faits est claire : les *hiatus* auxquels on attachait tant d'importance pour accentuer les grandes phases du progrès du primitif n'existent pas. Si, dans un grand nombre de stations en France et en Europe, on trouve des silex bien distincts, avec leur forme spéciale, conformément à la belle classification de Mortillet, il y en a évidemment un grand nombre d'autres où le *mélange* est tel, que les catégories perdent leur valeur. On aura beau dire, qu'il y a eu superposition ou remaniement ; devant la masse des observations récentes, qui vont toujours en croissant, l'argument est fort ébranlé et l'*âge de la pierre* aussi ; de telle sorte qu'on se demande si réellement l'humanité tout entière a été réduite à se blottir, dans des cavernes, comme en France et à n'avoir que des fragments de silex pour ustensile à tout faire ?

STATIONS PRÉHISTORIQUES. — La nomenclature suivante, fort succincte et dénuée de prétention, n'a qu'un but, c'est de démontrer qu'elles ont existé dans une foule de contrées et dans toutes les parties du monde.

Egypte. — Ce pays, fameux par son antiquité historique, parut tout d'abord avoir été soustrait à l'âge de la pierre. Il n'en est rien. Là comme ailleurs le *silex* a été d'un usage très général, mais il est possible que son examen critique révèle l'énigme de la préhistoire.

L'âge de la pierre a été étudié en Egypte par Arcelin, Hamy, Amélineau, Flinders Pétrie, Schweinfurth et surtout de Morgan. Celui-ci décrit soixante-dix-neuf stations dans la vallée du Nil, sur une longueur de plus de 1000 kilomètres. Elles commencent à Suez pour finir à Esneh ; les principales sont Thèbes, Abydos, Négadah, Kawamil, Toukh, Louqsor. Elles s'irradient aussi dans la Lybie à une grande distance du Nil.

Des *ateliers* en grand nombre étaient installés sur les collines Lybiennes, qui formaient le rivage d'un golfe immense avant les attérissements du fleuve. A l'époque préhistorique l'Egype était occupée par une population condensée d'indigènes ou autochtones, qui taillaient le silex avec un art merveilleux et une habileté bien supérieure à celle de tous les autres primitifs. Les crânes sont *dolicocéphales* et leur indice accuse le chiffre de 72. Les cheveux sont lisses et blonds. Les os humains présentent cette particularité qu'ils sont cassés en petits fragments. Wiedemann voit dans ce fait un mode spécial de sépulture. La trépanation était fréquente. Ces indigènes constituent la *new race* de Pétrie ou *l'old race* de Morgan.

Au moment de l'invasion pharaonique les métaux sont arrivés, mais la taille du silex s'est encore perfectionnée, jusqu'au second empire, puis a disparu :

Tous les types de silex sont représentés, depuis le chelléen, jusqu'au robenhausien, mais c'est le néolithique qui domine.

Voici qu'elle était la faune : l'éléphant et le rhinocéros étaient rares, l'hippopotame commun. On a constaté : bos, gazelle, sanglier, lion, hyène, léopard, crocodile, œufs d'autruche, etc.

Une *partie* de l'autochtone s'est confondue avec l'envahisseur venant d'Asie, probablement de la Chaldée ; cependant Schweinfurth opina pour l'Arabie se basant sur des considérations botaniques comme l'importation du sycomore et du perséa.

Quoi qu'il en soit, de ce métissage est issue une race *mésaticéphale*, c'est de *Fellah* actuel, qui n'a pas d'empreinte *nègre* et dont l'indice céphalique est 76.

Laissant de côté l'Egypte, nous allons maintenant énumérer quelques stations dans les diverses contrées du globe, qui semblent avoir été peuplées par l'autochtone fuyant la domination pharaonique.

Asie. — Les stations y sont encore mal connues et c'est fâcheux, car là surtout serait la clef du problème.

Phénicie. — Grâce aux patientes recherches du professeur Zumoffen, quatorze stations ont été étudiées en 1900, avec les plus grands détails. Elles avaient été signalées avant lui par Botta, 1833, Lartet, 1864, Fraas, 1874, Dawson, 1884. Le professeur Zumoffen a trouvé le paléolithique et le néolithique à peu près en égale proportion. La faune diffère totalement de celle de l'Europe. Il n'a rencontré aucun vestige de métal, ni du peuple phénicien. Géologue savant, il estime, que le Liban n'ayant pris son relief qu'à la fin du quaternaire, le préhistorique n'a pu se réfugier dans ses gorges qu'à une époque postérieure.

Dans les *Indes* et à Ceylan le silex taillé a été constaté.

Dans la *Perse*, de Morgan a fait pareille observation.

En *Chine* d'après Zaborwski le métal ne fut introduit que 2200 ans avant notre ère ; mais l'usage de la pierre exista longtemps encore, comme le prouve le fait suivant : en 495, un oiseau tomba, percé d'une flèche munie de silex, aux pieds du roi, en présence de Confucius, qui avait connaissance de l'époque où régnait l'âge de la pierre.

En *Sibérie*, Sabachnikof nous a appris que l'usage du silex avait été très répandu à Troubeskaï, dans la province de Transbaïkalie, patrie de Gengiskan, successeur de Tamerlan, sur les rives du fleuve Amour. Il y observa trois stations, où étaient de belles haches polies, en agate, en même temps que de la poterie et de la verroterie. La civilisation était très avancée.

En *Afrique*, il y a peu de cavernes, dit Hamy, mais beaucoup de camps en plein air. Nous avons déjà signalé l'opinion d'Ebers, a savoir que le fer avait servi aux instruments primitifs ; c'est aussi celle de Schweinfurth.

Sur la côte des *Somalis*, Piolet a découvert des silex taillés.

Evans possède une belle hache et une série de pierres taillées provenant du *Cap*.

A *Madagascar*, tout récemment, Charles Alluaud, délégué du Muséum, a fouillé les cavernes d'Andrahomana. Il y a trouvé des os importants pour l'histoire de la faune éteinte. Les silex ne sont pas mentionnés.

Dans la *Guinée* Française, à Konakry, l'abbé Breuil décrit une station avec : esquille d'huître perforée, débris de poterie, outils en silex poli ou taillé et en hématite taillée.

Dans le *Sénégal*, Hamy a étudié l'âge de la pierre dont il a signalé des vestiges, ainsi qu'aux Canaries.

En *Algérie*, Pallary a compté 511 camps ou grottes et en a donné une description très détaillée. De ses observations il ressort que la faune était caractérisée par le chameau et les œufs d'autruche.

Celle d'Oran contient, d'après Doumergue, gazelle, antilope, *bos*, *camelus*, autruche, chien, sanglier. Elle diffère donc essentiellement de celle de l'Europe.

En *Tunisie*, Doumet-Adanson a donné la description d'une quantité de stations où les silex abondent. *Le silex poli se trouve mélangé au silex taillé.* Au nord du Fidjej, à chaque myriamètre, on trouve des ateliers et des dolmens, où il y a des silex, des cendres, des débris de coquillages comestibles. L'aspect des remplacements fait penser qu'ils ne sont pas très anciens. Il est porté à croire que cette industrie du silex est *contemporaine de la civilisation égyptienne*. Au centre d'un massif montagneux il a reconnu de nombreux rognons de silex.

Cette communication faite à l'*Association Française* a provoqué les remarques suivantes :

Suivant Cartailhac, l'âge de la pierre au nord de l'Afrique a probablement duré jusqu'aux temps historiques. La classification usitée en Europe n'est pas assimilable aux silex d'Afrique, car la faune est trop différente.

De Mortillet se demande si l'âge de la pierre existait autour de l'Egypte aux époques florissantes de sa civilisation. C'est possible, dit-il, car l'Egypte était un pays fermé.

Je ferai remarquer qu'on ne peut conserver des doutes à cet égard. Schweinfurth, Amélineau et de Morgan ont montré qu'alors la Lybie était un centre considérable d'ateliers où l'on exploitait la taille du silex et la Lybie a donné la main à la Tunisie.

Dans les cavernes de ce pays, Rivière a observé des fémurs à pilastres, analogues à ceux de la Dordogne.

Dans le *Sahara* les trouvailles des explorateurs se sont bornées à des silex, abandonnés sans doute par le primitif au cours de ses pérégrinations. Weiserberg a décrit le premier une quantité extraordinaire de *flèches microscopiques*, en silex artistement taillé : elles parsèment le sol du désert et sont fort curieuses.

De Mortillet pense que le nègre n'a pas employé le silex et qu'il a connu le fer dès le début de sa dispersion au centre de l'Afrique, car le minerai se trouve abondamment à la surface. Il rappelle à ce sujet que le général Faidherbe a divisé l'Afrique en celle du Nord et celle du Midi. L'une et l'autre diffèrent radicalement. Celle du Nord, au point de vue préhistorique, a la plus grande analogie avec l'Europe ; celle du Sud s'en distingue complètement par sa faune, sa flore et les races humaines. Celles-ci ont toujours employé le fer. Eber sa raison, en disant qu'il a pris naissance chez elles.

De l'énumération que je viens de faire, il résulte que la vérité n'est pas tout-à-fait ainsi, mais que l'homme au silex a bordé de ses colonies tout le pourtour de la terre africaine. Quant au centre du continent noir, il l'a évité, se bornant à parcourir en nomade le Sahara, où il a semé ses petites flèches.

L'*Europe* a été la contrée la mieux étudiée au point de vue qui nous occupe. Le primitif dans nos régions menait une existence misérable à cause de la rigueur du climat et des pluies du pléistocène, qui ont débuté au moment de son arrivée : aussi la hutte de roseaux ne lui suffisait plus, il lui fallait la caverne ou le dolmen.

France. — C'est de notre pays que sont parties les premières études. Il serait bien difficile d'énumérer méthodiquement la masse considérable de stations, qui s'élève à plusieurs milliers à l'heure actuelle et qui va toujours croissant ; je me bornerai à signaler les départements les plus privilégiés :

La *Somme* a eu l'honneur d'être le théâtre des recherches de Boucher de Perthes, qui ont marqué les débuts de la science préhistorique.

La *Dordogne* a fourni à Lartet et à Broca l'occasion de travaux nombreux.

La *Saône-et-Loire* a été illustrée par les découvertes de Ferry, de l'abbé Ducrost et surtout d'Arcelin qui y a compté 21 communes ayant des stations.

La *Charente* a été explorée par Chauvet et Daleau.

L'*Aveyron* et la *Lozère* par Prunières.

Le *Puy-de-Dôme* et le *Cantal*, par Magitot, Delort, Boule et Pommerol.

Dans l'*Isère* Chantre a étudié plusieurs stations. Depéret a fait d'importantes découvertes à la Grive.

Le *Beaujolais*, qu'on avait cru longtemps dépourvu de souvenirs de l'âge de la pierre en raison de la nature granitique de son sol, a été l'objet d'une remarquable monographie de Savoye. Il y a récolté des milliers de silex. Les uns paléolithiques près de Villefranche ; d'autres néolithiques à Boitrait, au

Bessay, à Jullié ; quelques-uns mélangés à Claveizolles, Villié, Quincié, Emeringes et Vaux-Renard.

Les environs de *Paris* sont très riches en stations. De Mortillet dit avoir rencontré le coup de poing de Chelles dans 61 départements et 570 communes.

A *Monaco*, Rivière a signalé une grotte néolithique.

L'*Ibérie*, en raison de sa proximité du rivage de l'Afrique a été de bonne heure envahie par le troglodyte.

Ribeiro fait remonter haut l'âge de la pierre dans le Portugal. Il prétend avoir trouvé des silex taillés dans les dépôts tertiaires du Tage, en compagnie du mastodonte *angustidens*, caractéristique du miocène supérieur. Cette assertion n'a pas été admise dans la science.

Vilanova a observé des silex taillés et des ossements fossiles. Il croit même avoir vu des peintures sur les parois d'une grotte.

L'*Italie* est riche en stations, dans la Capitanate, la Basilicate, l'Ombrie, la Toscane et les environs de Gènes ; à Braconio, Wilson a découvert des silex taillés en feuille de laurier, comme à Solutré.

La *Suisse* se fait remarquer par ses nombreux palafittes.

L'*Allemagne*, la *Hongrie*, l'*Autriche* offrent également plusieurs localités où les restes du primitif ont été l'objet d'études.

La *Grèce* renferme la station de Pikermi, si bien étudiée par Gaudry.

La *Belgique* compte 48 cavernes décrites par Schmerling ; 3 ou 4, seulement, ont des os humains.

Le *Danemark*, je le répète, a été exploré par Steenstrup et Schmidt. C'est dans les kjœkkenmedings qu'on a découvert les plus belles haches. Ces agglomérations de pêcheurs paraissent peu anciennes.

L'*Angleterre* a de nombreuses stations, mais les silex taillés ne rentrent pas dans les types classiques adoptés en France ; il y a désordre des pierres. Cette question a surtout

été étudiée par Lyell et Evans. Mello, à Creswell, dans le Der-
byshire, a découvert des os humains avec silex moustériens,
tichorhinus, bison, *machairodus* et renne, dont les bois
étaient travaillés comme à Solutré. Un dessin représentait
une tête de cheval avec sa crinière.

En *Russie* on a décrit une station néolithique rapportée à la
période interglaciaire. Elle contenait de la poterie et des silex taillés en carré.

L'*Amérique* a eu également son âge de la pierre.

Dans les états du Nord, Wilson a compté 6,800 coups de
poing.

Au *Mexique* on utilisait l'obsidienne. Les premières armes
métalliques étaient en cuivre.

Au *Brésil*, Lund estime à 800 le nombre des cavernes à
ossements ; six seulement contiennent des os humains.

Dans le *Kentucki*, les Osages Sioux, au dire de Pommerol,
habitaient des cavernes et avaient des silex en forme de
grattoirs, de scies et de pointes de lances.

Je terminerai cette énumération en disant que la *Terre-de-
Feu* est encore à l'âge de la pierre ; il en est de même de certains districts de l'*Océanie* et des Iles Fitji.

De cette revue rapide, il ressort que le silex taillé, instrument commode et arme redoutable, a régné exclusivement
sur de nombreuses populations encore à l'état barbare,
pendant que florissaient les grandes civilisations de l'antiquité et même du moyen-âge, et qu'aujourd'hui encore on le
retrouve chez les peuples confinés aux extrémités des
mondes et n'ayant avec le progrès que de rares contacts.

De cet ensemble de faits n'est-il pas permis de conclure que ce que nous voyons aujourd'hui a dû exister aux
temps préhistoriques : c'est-à-dire, que le sauvage, avec son
silex taillé et sa caverne, était le contemporain d'un homme
intelligent, qui savait se construire une demeure, qui for-
geait le fer, connaissait l'agriculture et utilisait les animaux
domestiques. Entre ces deux hommes il y avait une diffé-
rence : l'un cherchait la civilisation, l'autre la fuyait.

MIGRATIONS DE L'HOMME PRÉHISTORIQUE

En considérant la disposition géographique des stations occupées par l'homme de l'âge de la pierre, on peut approximativement concevoir la manière dont les diverses parties du monde ont été peuplées pour la première fois. Si l'on admet, avec la plupart des anthropologistes, que le berceau de l'humanité a été dans l'Asie centrale dont le sol avait reçu de bonne heure une assise solide, voici comment on envisagera la diffusion de notre espèce : les enfants d'Adam s'étant rapidement multipliés, des divisions surgirent entre eux et la guerre éclata. Les plus faibles, chassés de leur territoire, ont pris la fuite et, toujours poursuivis, ils se sont réfugiés aux confins de l'univers, où nous les envahissons encore aujourd'hui. C'est là en quelques mots l'histoire de l'humanité. Ce que nous voyons à l'heure actuelle est la répétition exacte de ce qui s'est passé autrefois. Il y a donc deux espèces d'hommes ; le *fuyard*, qui le premier occupe une terre inhabitée, c'est l'*autochthone*, et l'*envahisseur*, c'est le *conquérant*. Ainsi le *primitif* s'est expatrié et nous pouvons tracer ainsi son exode : dans ses pérégrinations, il a pris plusieurs directions. Un rameau important, laissant quelques groupes en Phénicie s'est répandu autour du golfe Egyptien, où il s'est prodigieusement accru. Au moment de l'invasion pharaonique une partie est restée assimilée au vainqueur ; l'autre a repris sa course fugitive et a ceint le continent africain d'un grand nombre de stations littorales. Une colonie nombreuse s'est arrêtée en Lybie, où elle est devenue plus populeuse encore et, s'étendant progressivement, s'est dirigée vers la Tunisie, l'Algérie et peut-être même a passé en Ibérie.

— Quant aux nègres qui habitent le centre du continent africain, ils paraissent provenir du Bélouchistan et d'une autre race que l'homme de la pierre.

Des tribus préhistoriques se sont aussi répandues en Chine,

dans les Indes et aux extrémités de la Sibérie où nous constatons leurs restes sur les bords de l'Amour. Il est possible que de là elles aient franchi la distance qui les séparait de l'Amérique.

— Une troisième branche semble avoir séjourné dans le Caucase, où les troglodytes existaient encore aux premiers temps historiques ; de là s'avançant vers l'occident et lançant quelques groupes sur les bords de l'Ister, en Illyrie, ils ont peuplé l'Europe entière. A cette époque lointaine la Gaule était unie à l'Angleterre et celle-ci à l'Amérique d'après les enseignements de la géologie, de sorte que Christophe Colomb avait été devancé par l'*autochthone* dans la découverte du nouveau monde.

C'est en France qu'on a relevé pour la première fois les traces incontestables du séjour prolongé de l'homme préhistorique ; on comprend dès lors combien nous sommes mal placés pour suivre sa piste en remontant à contre-voie jusqu'à son lieu d'origine. Malgré cette difficulté nous essayons de retrouver ses étapes, qu'il a jalonnées de silex marqués par sa main et nous tentons l'œuvre ardue d'esquisser son histoire. Elle est bien antique et cependant elle est née d'hier et les passions s'agitent autour de son berceau.

En fuyant son lieu d'origine, le *primitif* a gardé quelques vagues traditions, comme l'usage du feu et la taille du silex, mais il a oublié la fabrication des métaux, la poterie, la domestication et beaucoup d'autres coutumes, qui exigent une vie sédentaire prolongée.

Ce qui paraît dominer chez lui, c'est un sentiment de terreur intense : « Il vivait, dit Lubbock, dans des transes continues. » Assurément ce n'était pas la bête féroce qui lui inspirait la peur, car il a montré par leurs dépouilles abondantes, qu'il était capable d'en triompher. L'ennemi redoutable pour lui, c'était l'homme.

L'*envahisseur* venait d'Orient. De tout temps ce pays a eu le privilège d'envoyer vers l'Occident des cohortes guerrières qui se répandaient comme un torrent. La grande invasion, celle qui a laissé des traces palpables, quoiqu'elle soit du domaine préhistorique, se fit vers la fin du paléolithique. Les objets qui en témoignent sont : le silex poli, la poterie, le bronze, l'or, le fer ; mais il est probable que, pendant les longues périodes de la pierre taillée, des nomades avaient poussé déjà, parmi les autochthones, des incursions aventureuses ; je n'en veux pour preuve que les modifications de la taille du silex et surtout de la forme du crâne, qui indiquent l'intrusion d'une race étrangère. Les crânes de Solutré d'après Arcelin, ont le type Mongoloïde.

Dans les hauts plateaux de la Mongolie, dit Le Play, vivaient des peuples aux mœurs pastorales et possédant des troupeaux considérables. L'accroissement constant de leur population les forçait à envoyer de temps en temps vers l'occident de nombreuses émigrations. Elles avaient un chef à la tête d'hommes jeunes, pleins d'ardeur, qui partaient à la conquête d'un pays nouveau, en emportant les coutumes de leur pays. Leur organisation et leur armement étaient bien supérieurs à ceux de l'habitant des cavernes qu'elles subjuguaient sans peine.

La puissance de colonisation était très intense autrefois. Hérodote nous apprend que la Grèce fut colonisée d'abord par le Phrygien Pélops, ensuite par l'Egyptien Danaüs ; mais avant, elle était occupée par les Thraces, les Molosses et autres peuplades barbares, qui furent refoulées par le vainqueur ; et, peu de temps après, on voit ce petit peuple des Hellènes envoyer à son tour de puissantes migrations civilisatrices en Asie Mineure, en Italie, en Sicile, en Ibérie, sur les côtes Méditerranéennes de l'Afrique et fonder des villes populeuses comme Syracuse, Crotone et Marseille.

L'Amérique du Nord est un prodigieux exemple d'accroissement rapide, car, en deux siècles, sa population a centuplé.

La préhistoire nous laisse à penser que les migrations de l'autochthone ont suivi la même route que les peuples envahisseurs.

Mais, pour le sujet qui nous préoccupe, il y a une question grave ; c'est celle de l'origine des civilisations préhistoriques, dont les mystères n'ont pas encore été dévoilés.

Quand le premier Pharaon a occupé l'Egypte, il amenait un peuple qui était parvenu à un haut degré de civilisation. Il possédait les métaux en même temps que la pierre polie et le langage de ses monuments fait remonter cette époque à environ 5.000 ans. Mais d'où venait cette civilisation ? Schweinfurth la fait venir d'Arabie ; Flinders Pétrie de la Lybie ; quelques historiens de la Chaldée ; mais tout en acceptant ce point de départ, de Morgan pense que le conquérant était primitivement originaire de la Chine. Le problème n'a pas encore reçu sa solution et néanmoins il ressort clairement que la préhistoire du civilisé est aussi vieille que celle de l'homme des cavernes. On est donc en droit de conclure que l'âge du silex taillé devait être contemporain des puissants royaumes de l'Asie, dont nous commençons à soupçonner l'existence. Ainsi vers l'an 1500 avant notre ère, Dehli dans les Indes était la capitale d'un riche empire qui dominait de la mer Caspienne à la mer de Chine, et de l'océan Indien au Pamir. Les ruines de cette cité surpassent celles de Rome, par leur conservation et leur étendue, comme par la beauté artistique et la richesse des monuments.

On connaît aussi la magnificence des ruines de Boalbeck, de Ninive et de Babylone.

Et pendant ce temps le Gaulois préhistorique se terrait dans les cavernes ou les dolmens, en compagnie du mammouth et du rhinocéros tichorhinus !

Nous pouvons donc penser avec Chauvet que l'industrie n'a pas été uniforme dans le monde non plus que la faune. Certains pays comme la France, la Suisse et les contrées voisines, sont identiques au point de vue du Chelléen, du Moustérien et du Solutréen, dont les périodes sont si fréquemment superposées qu'il est impossible d'établir leur durée.

CHRONOLOGIE.

« La durée des temps géologiques ne donne que des incertitudes. » (DE LAPPARENT.)

« La valeur des objets trouvés dans les cavernes est malheureusement amoindrie par l'incertitude qui règne sur leurs premiers habitants, sur le mode de leur ensevelissement, et sur les remaniements qu'ils ont subis ; de telle sorte que les *restes fossiles* de l'homme sont douteux. L'âge des crânes est incertain, même celui de la Denise. Les squelettes d'Olmo et d'Eguishem, de la Naulette et de Schopko ne suffisent pas pour faire une race. L'hiatus entre l'homme et le singe n'est pas comblé. » (ZITTEL.)

Ces paroles pleines de réserve sont remplies de sagesse. Au contraire en affirmant que l'homme préhistorique a vécu des millions d'années avant l'histoire, *Broca* donne les preuves d'un esprit peu pondéré.

Pour indiquer même vaguement l'époque de l'apparition du premier homme, il faudrait un point de répère sérieux ; or où le trouver ? « La chronologie biblique n'existe pas », dit de Sacy. En effet, on ignore les mesures anciennement employées pour le temps. Ce ne fut pas à son début que l'homme sut compter par années et les anciens chronologistes de la bible ne se sont pas douté des difficultés. Actuellement on est mieux renseigné et on estime qu'il est préférable de laisser aux savants une grande latitude pour apprécier l'antiquitée des premières périodes de l'humanité. J'emprunte à de Mortillet les chiffres suivants en lui en laissant toute la responsabilité :

Table Alphonsine.	6984	avant notre ère.
id. de Lactance	5801	»
id. des Septante	5500	»
id. de saint Augustin	5351	»
id. de Champollion.	5230	»
id. de la Vulgate.	4124	»

Table de Bossuet. . . . . . . 4014 avant notre ère.
id. de Pic de la Mirandole. . . 3959 »
id. des Talmudistes. . . . . 3784 »

Ce tableau montre par ses divergences que la valeur des chiffres énoncés est fort contingente. La science est-elle plus heureuse en cherchant un chronomètre?

Récapitulons quelques-unes des données développées dans ce travail :

Le *Silex*, quelle que soit sa taille, ne dit pas son âge. Sa *patine* dépend des conditions accidentelles de froid, de chaud et d'humidité auxquelles il a été exposé. Sa *forme* n'indique pas une époque, car elle provient surtout de sa qualité et de sa nature. Le silex, je le répète, n'a qu'une valeur régionale.

Les *os fossiles* ne peuvent non plus témoigner à eux seuls de leur ancienneté et indiquer leur date. Leur degré de fossilisation et leurs altérations varient suivant les conditions physiques et chimiques ambiantes.

Quant aux conformations spéciales du crâne de certains primitifs, elles paraissent simplement dénoter une race abâtardie, peu vigoureuse et qui est devenue inféconde par suite des conditions hygiéniques mauvaises où elle était confinée.

La *faune préhistorique* a donné des arguments qui pendant longtemps ont paru prouver l'antiquité fabuleuse de l'espèce humaine. J'ai établi, je crois, qu'elle est tellement instable que, même associée au silex, elle ne peut être un chronomètre satisfaisant. J'ai cité à l'appui de cette opinion des savants qui font autorité ; d'après eux la nature de la faune est une question de latitude ; l'extinction et l'émigration de certaines espèces sont dues à la présence de l'homme. Actuellement les espèces sauvages fuient son voisinage ; il en était de même autrefois. De plus il est évident que la faune n'était pas uniforme dans toutes les parties du monde à la même époque.

Les *sédiments* et le *lehm* ne fournissent que des indica-
tions peu sûres. L'âge des terrains ne peut être exactement
déterminé, malgré les magnifiques progrès de la géologie ;
car au moment du pléistocène les diverses couches ter-
restres ont subi un remaniement colossal. Or cette époque,
caractérisée par le *diluvium rouge*, a laissé partout des
traces ; elle est contemporaine de l'homme dans nos régions ;
il a été surpris par elle : ses ossements, ses outils de silex
et les animaux de son temps, ont été enfouis sous des terrains anciennement déposés et mobilisés une seconde fois.

Les violents cataclysmes, attestés par les inondations
marines, les phénomènes éruptifs, les failles, les volcans
et les glaciers ont agi partiellement, successivement, et n'ont
pas impressionné simultanément toute la surface du globe.

Ces grands faits géologiques peuvent être classés méthodiquement et on reconnaît leur succession dans une *région
restreinte* ; mais c'est là tout, et vouloir par eux déterminer
le nombre de siècles écoulés, depuis la naissance de l'homme,
est un véritable cercle vicieux, car l'inconnu ne conduit pas
à la vérité.

Après ces considérations il me paraît rationnel de s'inter-
dire strictement des chiffres indiquant, même approximativement, l'origine de notre espèce ; les éléments scientifiques nous font défaut et il est puéril sur un sujet si grave
de s'adonner à de vaines spéculations.

En *résumé*, après l'examen critique des faits nombreux
énumérés au cours de ce travail, il faut conclure : que l'usage
de la pierre taillée a été universel. Chez les primitifs vivant
à l'état sauvage, elle a été de longue durée. Elle a été éphémère ou accessoire chez les nations les plus anciennement
civilisées, comme l'Assyrie et l'Egypte. Son emploi paraît
avoir été annihilé par celui du fer, chez les Nègres au centre
de l'Afrique et dans la race jaune en Chine.

Reporter l'homme de l'âge de la pierre à une antiquité de
quelques milliers de siècles est tout simplement absurde.

Rien n'autorise cette hypothèse. Le grand argument basé sur la durée des temps géologiques n'a plus autant de valeur si l'on admet que les grands cataclysmes du globe n'ont pas été isochrones et que le bouleversement produit par le pléistocène a été tel qu'un grand nombre de sédiments anciens ont subi un déplacement, qui a changé leurs rapports.

La faune paléontologique est essentiellement variable ; aux mêmes époques elle n'a pas été la même en Europe, en Afrique, en Phénicie et en Amérique. Les mollusques qui caractérisent certains terrains ont probablement opéré leurs dépôts marins à plusieurs siècles de distance et rien ne prouve que ces dépôts soient synchrones.

Quant aux autres restes organiques ils ne tranchent pas la question de l'antiquité de l'espèce humaine et ne fournissent rien de certain.

Il y a eu deux espèces d'hommes préhistoriques dont l'ancienneté me semble adéquate : le *sauvage* et le *civilisé*.

Le *sauvage* est celui qui est resté longtemps à l'âge de la pierre ; son intelligence était médiocre, ainsi que son aptitude au progrès. Sans doute il y avait parmi ses tribus des chasseurs vigoureux et pleins d'audace pour attaquer les fauves ; mais il y avait aussi un fort contingent d'infirmes et de malades, comme le prouvent la fréquence des lésions osseuses. Sa race était en général d'une structure anatomique défectueuse. Elle était destinée à disparaître, car elle était débilitée par des tares originelles.

Le *civilisé* préhistorique a pris naissance dans une contrée mystérieuse ; toujours est-il qu'on le voit apparaître, dès les temps les plus reculés, en Assyrie et en Egypte, apportant avec lui les métaux, les arts, l'agriculture, etc, donnant en un mot les preuves d'une culture intellectuelle avancée. Il a connu la pierre ; il en a même poussé la taille à une extraordinaire perfection comme en Egypte ; mais il ne s'y est pas cristallisé et chez lui le règne du silex a été éphémère.

L'*inégalité* de ces hommes résume l'histoire des peuples.

A toutes les époques on a vu la fortune donner le sceptre du monde à quelque nation privilégiée. L'Egypte, l'Assyrie, la Perse ont affirmé d'abord la suprématie de l'Orient ; puis la Grèce et Rome, entrées plus tard dans la voie du progrès, ont porté au loin la puissance de leur génie. De nos jours l'Occident domine sur toute la surface de la terre ; successivement l'Espagne et la France ont occupé le premier rang ; aujourd'hui c'est l'Angleterre ; à qui le tour demain !

Cette prédestination actuelle de l'Occident est véritablement un merveilleux spectacle ; elle nous amène à méditer cet instinct migrateur qui pousse l'homme vers des contrées nouvelles.

De même qu'il y a deux hommes inégaux, en présence de la *civilisation*, de même il y a deux hommes différents en face de l'instinct d'*émigration* : le *fugitif* et l'*envahisseur*. *Le fugitif* c'est le vaincu ; poussé par le sentiment de la peur et de sa faiblesse, il allait dans les contrées *inhabitées* les plus lointaines et traversant même les océans glacés, il se réfugiait jusqu'en Amérique. Il fuyait, dénué de tout et s'aventurait dans des contrées où le sol était instable, avec une *imprévoyance* qui a frappé tous les anthropologistes. Ne sachant domestiquer les animaux, ni se construire une demeure, il voyageait en nomade, par petits groupes isolés, fort heureux de trouver le silex, qui résumait, pour lui, tous les ustensiles de la vie.

L'envahisseur, c'était le mieux armé, le conquérant ; sa civilisation, plus avancée avait doublé ses forces. Lui aussi il était poussé à la conquête de pays nouveaux par la même main qui conduisit les Hébreux vers la terre promise et il marchait dans les temps préhistoriques, comme il marche encore aujourd'hui, sollicité par l'instinct de s'emparer de contrées fertilisées déjà par le labeur de l'autochthone et par le désir, peut-être, de l'associer au progrès de l'humanité.

Il y a, du reste, une *loi primordiale* qui domine de haut le grand fait de la migration des peuples, c'est la *fusion des races*. Elle est édictée par le Créateur pour assurer la perpétuité des êtres vivants en même temps que la vigueur physique et intellectuelle. Le primitif de l'âge de la pierre, ou autochthone, semble s'être soustrait à l'obligation de mélanger son sang avec celui des étrangers et il s'est exposé aux dangers de la *consanguinité* qui sont aussi graves dans l'espèce humaine? qu'en vétérinaire. Son influence est telle, qu'un vice originel léger devient une monstruosité et que la déchéance atteignant aussi bien les facultés morales que l'organisation anatomique, la *race* subit un *abâtardissement* qui la destine sûrement à être la proie d'un vainqueur.

Après toutes ces considérations, ne semble-t-il pas puéril, par ce temps de scepticisme scientifique, d'accorder créance illimitée aux anthropologistes qui nous révèlent un âge de l'humanité ignoré jusqu'ici. Ils nous disent que durant une longue suite de siècles préhistoriques l'homme s'est lentement perfectionné, au point de vue anatomique et intellectuel, avant de parvenir à l'état présent; mais pourquoi évitent-ils avec une réserve calculée, de nous parler des belles civilisations de l'antiquité, dont les débuts, eux aussi, sont perdus dans la nuit des temps ? Les faits merveilleux, découverts depuis peu d'années dans le monde des fossiles, n'ont-ils pas produit une telle émotion et un tel éblouissement que les esprits des savants modernes les mieux pondérés, ont été entraînés insensiblement sous l'influence d'un mirage séduisant à des hypothèses et à des conclusions trop hâtives ?

Espérons dans l'action pacificatrice du temps qui réforme les jugements passionnés et confions-nous au progrès, dont la marche incessante en avant montrera un terrain de conciliation entre la science et la foi. J'ai tenté de l'indiquer et d'ébranler les arguments les plus solides des adversaires de la Genèse ; mais c'est un essai et de nouvelles recherches sont indispensables pour assurer le triomphe de la vérité.
